中华 爱国 人物故事
ZHONGHUA AIGUO RENWU GUSHI

智勇双全
守卫宝岛的刘铭传

闻　珺　编著

吉林人民出版社

图书在版编目（CIP）数据

智勇双全守卫宝岛的刘铭传 / 闻珺编著. -- 长春：
吉林人民出版社，2011.5
（中华爱国人物故事）
ISBN 978-7-206-07855-2

Ⅰ.①智… Ⅱ.①闻… Ⅲ.①刘铭传（1836～1895）
–生平事迹 Ⅳ.①K825.2

中国版本图书馆 CIP 数据核字(2011)第 075809 号

智勇双全守卫宝岛的刘铭传
ZHIYONGSHUANGQUAN SHOUWEI BAODAO DE LIU MINGCHUAN

编　著：闻　珺
责任编辑：孙　一　赵　磊　　　　封面设计：七　洱
吉林人民出版社出版　发行（长春市人民大街7548号　邮政编码：130022）
印　　刷：鸿鹄（唐山）印务有限公司
开　　本：670mm×950mm　　　　1/16
印　　张：8　　　　　　　　字　　数：70千字
标准书号：ISBN 978-7-206-07855-2
版　　次：2011年5月第1版　　　印　　次：2021年8月第3次印刷
定　　价：35.00元

如发现印装质量问题，影响阅读，请与出版社联系调换。

总　序

胡维革

　　《中华爱国人物故事》是一套故事丛书。它汇集了我国历史上80位古圣先贤、民族英雄、志士仁人、革命领袖、先进模范人物的生动感人史迹，表现了作为中华民族优秀传统的伟大的爱国主义精神。

　　爱国主义是人们对于"生于斯、长于斯、衣食于斯"的祖国的一种神圣感情，是人们对于自己民族的一种强烈的责任感和使命感，是感召和激励整个中华民族的一面永不褪色的旗帜。在漫长的历史上，爱国主义一直激励着中华儿女为祖国的独立、统一、进步和繁荣而英勇奋斗。从伟大的思想家教育家孔子到统一全国的千古一帝秦始皇，从秉笔直书著《史记》的司马

迁到鞠躬尽瘁死而后已的诸葛亮,从伟大的浪漫主义诗人李白到精忠报国的民族英雄岳飞,从七下西洋传播友谊的郑和到抗击倭寇的民族英雄戚继光,从苟利国家生死以的林则徐到为变法流血的第一人谭嗣同,从威震敌胆的抗联将军杨靖宇到人民音乐家聂耳与冼星海,从踏遍青山人未老的李四光到万婴之母林巧稚,从县委书记的好榜样焦裕禄到情系雪域献身高原的孔繁森……都表现出了强烈的爱国主义精神。正是由于热爱祖国的人们前仆后继地奋斗,国家和民族才得以生存,历经一次次历史危急关头而能转危为安,走向兴盛和富强,从而屹立于世界民族之林。爱国主义是鼓舞中华儿女历经忧患、跨越沧桑、百折不挠、自强不息的伟大力量,它贯穿于中华民族的整个历史,并有力地凝聚着五洲四海的中国人。

　　爱国主义是一个历史的范畴,在社会发展的不同阶段、不同时期有着不同的具体内容。革命时期,需要我们为祖国的独立自主出生入死;建设时期,需要我们为祖国的繁荣富强增砖添瓦;在全国各族人民团结一心建设富强、民主、文明、和谐的社会主义现代化国家的今天,我们要争做一名新时期的爱国者。新时期的爱国者要有强烈的民族自尊心和自豪感。民族自尊心和自豪感是任何时期任何爱国者都必须具备的情感。民族自尊心能增强我们自立向上的恒心,民族自豪感能树立我们建设祖国的信心。要树立"祖国高于一切"的崇高信念,为了祖国和人民的利益不惜抛却个人的利益,甚至不惜牺牲个人的生命。要树立终身学习的理念,拓

宽自己的知识面,广泛吸收新知识新技术,完善自身的知识结构,更新学习知识的方法与理念,从思想上、知识上充分武装自己,为祖国的繁荣昌盛贡献力量。

爱国主义思想的继承和发扬,是关系到民族盛衰、国家兴亡的根本问题。一代代人爱国主义思想情操的形成,需要不断地培养。培养爱国主义的一个重要途径是向爱国主义的英雄人物和典范事迹学习。这套丛书的出版,对于人们向英雄和先进人物学习,特别是对于在中小学生中进行爱国主义教育,将可提供一些生动的教材。祝愿此书出版发行成功,为培养"四有"新人做出贡献。

于 2011 年 4 月 23 日

世界读书日

中华爱国人物故事

编 委 会

策 划：胡维革　吴铁光

　　　　林　巍　李达豪

主　编：胡维革　邢万生

副主编：贾淑文　吴兰萍

编　委：（按姓氏笔画为序）

　　　　于二辉　门雄甲

　　　　刘士琳　刘文辉

　　　　孙建军　李相梅

　　　　李艳萍　杨九屹

　　　　谷艳秋　陈亚南

　　　　隋　军　韩志国

目录
CONTENTS

目 录。
CONTENTS

乡间恶少年

刘铭传（1836-1896）字省三，汉族，安徽合肥人。淮军将领，洋务派骨干，台湾第一任巡抚，不但打退了法国舰队的进犯，而且练洋操、议铁路、建台省，为台湾的现代化作出了突出贡献。

道光十六年（1836）丙申生于安徽合肥西乡大潜山下之蟠龙墩，祖上世代以农为业，在兄弟中最小，排行老六。刘铭传幼年曾染天花，脸上留有"陷斑"，同乡人叫他"六麻子"或"幺麻子"。他的父母是老实巴交的庄稼人，父亲刘惠人称"刘老好"。有一次，有个偷伐刘家树木的贼被捉住，刘惠为了息事宁人，一边设宴款待捉贼者，一边偷偷放走了伐木贼。刘铭传的性格里却似乎没有多少父母的基因。据说他二目如电，说话嗓门很大，同年龄的伙伴都怕他。后来上了私塾，他也没有像父母期望的那样好好读书，而是喜欢自己身为一方"主帅"，带领一群小伙伴玩开仗的游戏。他不屑以农耕为业，更不想通过科举荣身，对"四书""五经"没有兴趣，而喜欢研读兵书、战阵、五行杂书，传说他曾经登大潜山仰天叹曰："大丈夫当生有爵，死有谥，安能龊龊科举间？"

　　刘铭传11岁那年，父亲去世，不久两个哥哥也相继去世。这样，老母亲更难以约束刘铭传，他偷偷参加了贩卖私盐的团伙，后来索性干起打家劫舍的勾当。有一次，当地一个恶霸大声呵斥刘家人供给不及时，然后扬长而去。刘铭传听说后非常生气，对他的几位兄长说："大丈夫当自立，安能耐此辱哉？"说罢就徒手追赶恶霸，追上后拦在马前，要求与他决战。恶霸听后狂笑道："你这小孩子敢跟我过不去？我给你一把刀，你有本事把我杀死，你就是好汉！"刘铭传听后大喜，从恶霸手里接过刀，猝不及防地将他杀死，然后骑上恶霸的马，按住马头，大声叫道："这个恶霸侮辱乡亲，我杀了他，愿意听从我的，我们一起保卫乡里。"围观的几百名穷苦青年当即表示愿意听他的号令。而刘母周氏据说"吓破了胆"，惊吓而亡。后来刘铭传显贵时，每逢母亲生日和忌日都"涕泣悲怨不已"。

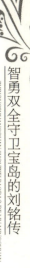

铭字营提督

　　"营"是清朝的军事单位，一营编制无定数，一般是500人，也有的两三百人，或者上千人，视情况而定。如李鸿章手下"淮军"的"铭字营""鼎字营""春字营"；曾国藩手下"湘军"的"霆字营"等。

　　"营"一般由游击统领。"游击"清绿营兵军官职，秩从三品，位次参将。顺治初年出现绿营。顺治初年，清廷在统一全国过程中将收编的明军及其他汉兵，参照明军旧制，以营为基本单位进行组建，以绿旗为标志，称为绿营，又称绿旗兵。

　　绿营营制分标、协、营、汛四种，总督、巡抚、提督、总兵所属称标，副将所属称协，参将、游击、都司、守备所属称营，千总、把总、外委所属称汛。京师设巡捕五营，统于步军统领。

　　在内地各直省，均有绿营兵驻守，但经制及兵额不一，其中闽广最多，安徽最少。绿营的军职，以总督为最高，节制总兵以下各级军官。而各省区绿营，自巡抚、提督、总兵各标以下，统归所在总督节制。巡抚原则上不节制提镇。但在不设总督的省份及巡抚兼任提督的省份均可节制镇协。此外，江苏、湖南、福建、台湾、甘肃、新疆和贵州等省，巡抚也有节制总兵之权。总督、巡抚、提督、总兵除了统辖本标官兵外，还兼辖若干协营。个别省份的八旗驻防将军，如伊犁将军、成都将军亦统辖、节制部分绿营兵。在边区，新疆、蒙古和西藏建立了屯戍制度。地方绿营基本任务是"慎巡守，备征调"，此外还担负差役、西

北用兵、东南海防和边防、屯戍、河工、漕运、守陵等任务。绿营的这一套严密的组织系统，发挥了臂指相使的镇压功能，成为清

刘铭传像

王朝维护其统治的主要支柱和武装力量。

同时，清统治者为了防止藩镇割据，骄兵跋扈，在绿营中采取了一系列防范措施。第一是以文制武，地方绿营的各级统兵官均归地方最高文官统辖或节制。第二是确立了一套互相分权，相互牵制的体制。如总督有权节制巡抚、提督、总兵，而提督和部分巡抚也可节制总兵以下各级武官。遂分散和限制了总督的指挥权。又如总督、巡抚、提督都有调遣兵马的权力，但是，除了统辖为数不多的本标官兵外，都不直接统辖其他镇协营兵。重兵是由总兵管带，而总兵虽有管带兵马的责任，却无调遣兵马的权力。这都是为了防止兵权过于集中。第三是实行兵皆土著，将则调补，兵籍和兵饷的发放统归兵部的制度。于是将不得私兵，兵不为将有，权利悉归中央。

清代中期以前，绿营尚称精锐。但以后承平日久，营务废弛，日趋腐败。自嘉庆初年镇压川楚白莲教起义时即已不能得力，至咸丰间镇压太平军时，更屡战屡败。于是自同治至光绪年间历经裁汰，最后被改编为巡防营，失去了常备军的作用，绿营之制仅存空名而已。

19世纪50年代，国内阶级矛盾日益尖锐，太平军、捻军起义席卷大江南北，清朝地方政权土崩瓦解。刘铭传身处乱世，先是加入当地贩卖私盐的团伙，接着干起打家劫舍的勾当。1856年（咸丰六年）8月，纠集起几百名贫苦青壮，当上了结寨自保的武装头目。两年后，以"捍卫井里"为旗帜，在大潜山西面建起寨堡，成为这一带对付太平军和捻军的一股团练武装。

1859年9月1日，太平军一部攻打合肥的长城镇、官亭，刘铭传奉命率部"协剿"，将太平军击退。后被安徽巡抚福济褒奖为千总，赏五品顶戴。1861年11月，李鸿章奉曾国藩之命在合肥招募勇丁，编练淮军。刘铭传受荐组织一支500人的队伍，号称"铭字营"，随同出发。

1862年（同治元年）4月，李鸿章奉命援上海，刘铭传带着"铭字营"，乘英国轮船由安庆到达上海。

李鸿章到达上海后，便着手更换军械。至9月，"铭字营"中小枪队已改为洋枪队。以后，全营都换成清一色的洋枪。11月，刘铭传聘请法国炮兵军官毕乃尔教演洋枪，后来又四处购觅新式炸炮，委任他充任亲兵炮营营官。随着武器装备的改变，作战形式也就改为在开花炮队掩护下由洋枪实施突击的新式战法。

刘铭传先后参与了进攻上海外围和苏南的太平军，攻占了南汇、川沙、江阴、无锡、常州等城镇，由于他打仗不怕死，深得淮军统帅李鸿章的赏识，由游击、副将擢升至记名提督，所部"铭字营"发展成左、中、右三军，每军6营，共18营，加上炮队、亲兵队和幕僚人员，总兵力达七八千人，成为淮军的主力。

常州获宝，终献国家

在安徽省会合肥西南约40公里处的大潜山下，台湾首任巡抚刘铭传的故居已全面恢复旧貌，并与世人见面。庄园里，刘铭传当年亲手植下的广玉兰树已经悄然吐出新绿，空气中飘溢着淡淡的芳香。

倘若不是翻开泛黄的历史卷页，或许谁都不会想到：60年前，正是在这样一个静谧的春天里，一件被埋藏了数十年的稀世珍宝伴随着合肥的解放，在刘铭传故居中"重见天日"，写下一段传奇。

这件让人激动不已的"国宝"，便是被誉为"晚清四大国宝"之一的虢季子白盘，与现今台北故宫博物院的两件馆藏珍品散氏盘、毛公鼎并称"西周三大青铜器"。而作为中国历史博物馆的"镇馆之宝"，虢季子白盘目前也是国家文物局明令禁止出国或出境展出的64组"至尊级文物"之一。

　　如此珍贵的稀世国宝，为何会被埋藏在淮军将领刘铭传的故居之中？"躲在深闺"的近80年里，这件国宝曾经历过怎样惊心动魄的往事？历经沧桑之后，刘铭传的后人为何将之挖出并主动献给国家？

　　"一切都是缘分。"说起虢季子白盘与刘家的故事，刘铭传第五代孙、今年70岁的刘学亚感慨万分，思绪仿佛一下子回到了时间的隧道之中：1864年，作为淮军名将的刘铭传奉命率军与太平天国交战，攻陷常州。一天夜里，刘铭传照例巡查军营，路过马棚时，忽然听到一阵如叩铜磬的清幽悦耳之声，提灯一看，竟是一口特殊的"马槽"。奇妙的响声，是马吃草时笼头上的铁环碰击槽口而发出的。刘铭传心生惊奇，第二天便让人将这口"马槽"抬到大厅，仔细观看，发现槽内镂刻有许多铭文，随即邀请名家考证，才知道这口"马槽"竟是商周青铜器中最大最重的虢季子白

明濟開窬邑舍宏大淩轢
卿相謿唅豪集藏萬乘若
寮友視疇列如草茅

巳丑暮春
翁同龢

白盘。根据铭文记载，这是公元前816年周宣王为庆贺"虢季子白"战胜洛河北岸的少数民族而铸造的铜盘，具有重要的文物价值。

后来刘铭传回乡养病（原拟3个月，实际赋闲13年），各地名士纷纷慕名参观此盘，刘铭传也很是得意。据说这个消息被光绪帝的老师翁同龢知道了，这位酷爱古文物的老夫子赶紧派人游说刘铭传，说是愿以重金购买，结果被刘铭传一口回绝。后来，翁同龢又派人向刘铭传表示双方结好之意。刘铭传知道醉翁之意不在酒，还是谢绝了这种好意。这下彻底惹恼了翁同龢，也为刘

毛公鼎

刘铭传故居重新修建的「盘亭」

铭传以后的官场生活埋下了祸根。

刘铭传深知虢季子白盘的珍贵，担心因战乱再度流落，当即命人送回合肥老家刘老圩的庄园之中，并专门修建"盘亭"，珍藏这件稀世之宝。1896 年刘铭传去世后，虢季子白盘成了刘氏家族的传家之宝，逢年过节，刘家人必焚香祀拜。但在乱世中，外商、土匪、达官显贵等，无不觊觎此盘。慢慢地，护盘成为刘氏家族的头等大事。

1935 年，刘学亚的父亲刘肃曾从复旦大学毕业，护盘的重任便落到了这位文弱书生的肩上。当时曾有一位美国人托华侨拜见他父亲，承诺以移民美国、赠予房产等条件，希望刘家能献出虢季子白盘，但遭到婉言谢绝。

事隔不久，英国古董商以上海租界大片不动产开价，同样铩羽而归。后来，日本人来到刘老圩，扬言愿把浴缸般大的虢季子白盘填满黄金，能装多少就出价多少，但刘肃曾照样端茶送客："我是个中国人，决不会卖掉国宝，做祖先的不肖子孙，做国家、民族的败类！"

七七事变后，合肥沦陷，日军对刘老圩虎视眈眈，垂涎三尺。刘肃曾深知此劫难度，但依然冷静地作出决定：将虢季子白盘悄悄深埋到庄园里的地下，同时放出早已运走虢季子白盘的风声，并举家迁居，转移日军的注意力。8年后，抗日战争胜利，刘肃曾一家匆匆赶回老家，但还没来得及欣喜，就有遇到了新的麻烦：国民党新任安徽省政府主席、桂系军阀李品仙，素来喜欢搜刮字画、古玩，到任后第一件事就是找到刘肃曾，劝说其将虢季子白盘献给政府。但刘肃曾一口咬定，在他们全家出逃之时，虢季子白盘已在家中被盗。

当时年幼的刘学亚后来听父亲刘肃曾说，当时李品仙见他软硬不吃，就命令部下将刘氏亲友捆绑要挟，断绝水源，甚至持枪抵住他的胸膛。刘肃曾万般无奈，只能再度悄悄离家，直等到军阀离去后才敢归来。幸运的是，刘肃曾全家将虢季子白盘几度转移埋藏地点，任各路军阀掘地三尺，始终没有找到。

古城合肥素有"淮右襟喉，江南唇齿"之称，是历代兵家必争之地。三国时"张辽威震逍遥津"一役，就发生在合肥。但合肥的解放，却颇为"和平"。用当时任皖北军区司令部直属政治处宣传员程如峰老人的话，"几乎没费什么劲"。

程如峰是1949年2月随皖西部队进城的。在此之前，1949年1月10日，淮海战役胜利结束后，解放军沿平汉、津浦铁路大举南下，谭启龙率领的华野先遣纵队担负起解放合肥的任务。1月19日，华野先遣纵队第一、第四支队进驻合肥梁园镇。20日，四支队一大队先向合肥进发，侦察敌情。21日7时许，部队到达合肥东门外飞机场边沿。约半个时辰后，一支从合肥城出来的国民党驻军欲强占飞机场附近一高地，并向一大队猛烈射击。准

第一任台湾巡抚刘铭传

备攻城的解放军战士奋勇还击，打得国民党军队士气低落，向南而逃。后来俘虏供称：合肥城驻军刘汝明部队两千多人，见解放军到来，便弃城而逃了。

此时，国民党合肥县县长龚兆庆仍留在合肥城内。他早已决定弃暗投明，一直等待解放军进城。1月21日下午3时许，一大队战士排着整齐的队伍从东门进城，市民夹道欢迎，爆竹声响彻云天，很多人欢呼，"晴天了！晴天了！"新华社当时还发了电讯稿："合肥国民党军南撤后，城内国民党县政府和人员，遵照人民解放军的命令，各就原职，保护文件、资产，迎接人民解放军和人民政府前往接管。这个榜样，足资各地国民党政府人员效法。"

天翻地覆，百废待兴，正当皖北区党委、皖北行署领导人踌躇满志地准备带领合肥儿女重建家园之时，一份来自北京的电报让他们顿感肩上的担子更重。原来，新中国成立后，为了防止文物流失，文化部电请各地抢救散落民间的文物珍宝，而位列"西周三大青铜器"之尊的虢季子白盘，很可能就在安徽合肥。

刘铭传的第四代孙刘肃曾此时就住在距离合肥城不远的刘老圩中。他是两年前才从外地返回家中的。经过多年的战乱，祖辈留下的庄园已经有些破落，但刘肃曾却依然执着地坚守在这里，因为只有为数不多的人才知道：这个庄园的地下埋藏着一个"惊天的秘密"。

如今合肥解放了，国家正在"寻宝"，是不是应该将虢季子白盘献出来呢？刘肃曾有些犹豫。尽管他和深埋在地下的虢季子白盘一道见证了合肥的解放，但他对新的政权还不太了解，一时间拿不定主意。

正当刘肃曾犹豫不决之际，一位25岁的年轻人带着"寻宝"的命令，来到了他的家中。这位年轻人名叫吴桂长，如今已经离休，住在肥西县城内，回忆起60年前的事情，已经85岁的吴桂长历历在目。

吴桂长说，1949年秋，安徽全境已经解放，皖北区党委组织了一支500多人的武装工作队，进驻匪特还比较嚣张的肥西县，配合当地武装剿匪反霸工作，"我被指派为潜山乡乡长"。而刘铭传的庄园刘老圩就在潜山乡的

虢季子白盘

辖区内。为了保护刘老圩，乡政府就设在其中。12月初，吴桂长接到肥西县官亭区区委的任务，要求寻找虢季子白盘。回到刘老圩后，吴桂长开始不动声色地向乡亲们悄悄打听国宝的消息，"一是想知道国宝的具体下落，二是想了解刘肃曾的为人"。

经过明察暗访，吴桂长逐渐了解到刘肃曾是一位正直的文人，尽管出身较好，但没有什么民怨民愤，家境好的时候反而不时接济当地百姓。一天夜里，吴桂长和副乡长陆春阳卸下从不离身的枪支，前往拜见刘肃曾。吴桂长回忆说，到了刘家后，他们很坦诚地道明了来意，并耐心地告诉刘肃曾党的政策，加强相互的了解，"毕竟刘肃曾也是第一次和新政权直接接触沟通，需要一个过程"。

刘肃曾没有立即松口。年轻的吴桂长也不急于求成，此后他数次前往刘家，还带去《新民主主义论》等书籍。看到当时的刘家因为子女多而生活困难，吴桂长还"利用职权"为他们特批了一些绿豆。慢慢地，双方建立了信任。吴桂长敏感地感到，刘肃曾对他、对共产党越来越信任，那个深埋数年的秘密，很快就有可能被揭开了。

刘肃曾之子刘学亚说，父亲之所以劳烦吴桂长"三顾茅庐"，实在是因为国宝太重要了，不敢轻易托人。他说，新中国成立后，关于虢季子白盘去向的种种考虑，一直在父亲脑中盘旋。"之前乱世，因此父亲舍身护宝。现在新中国成立，人民当家作主，父亲考虑，国宝不是一己之物，最好的去处当然是献给新中国。这样上可表爱国之心，下能达尽孝之意。"现任安徽省刘铭传研究会会长、刘学亚的弟弟刘学宣也告诉记者："家父曾多次说道，我相信共产党，要把虢季子白盘献给毛主席。"

刘肃曾对共产党的信任是有来由的。抗日战争时期，有一次，当地土匪集中千人强攻刘老圩，意欲抢夺虢季子白盘。双方对峙了20多天，多亏了正好过境的新四军高敬亭部队援救，才平息了这场匪患。之后，刘肃曾和高敬亭成了莫逆之交，不仅将最好的马匹赠给高敬亭，还在解放战争时期几度帮助高敬亭的部队。从高敬亭的身上，刘肃曾逐渐了解了共产党。

几乎与吴桂长"三顾茅庐"同时，皖北行署派出民主人士郭崇毅带着中央的电报，来到刘老圩拜会刘肃曾。一向行事谨慎的刘肃曾，看了郭崇毅带来的文件，交谈一番后，退回内室与妻子商量了几分钟，出来后告诉郭崇毅：经过慎重考虑，刘家决定献出虢季子白盘，连同世代珍藏的三国铜鼓，一并献给国家。

那一刻，刘肃曾像了却了多年的一个心愿，"彻底解脱了"。

"挖宝的前一天晚上，我和副乡长陆春阳在庄园里看

护了一整夜，生怕有什么意外！"吴桂长说。第二天清晨，寒风料峭，在刘肃曾的指点下，吴桂长带着当地的农民，从刘氏庄园后花园一处毫不起眼的夹墙下，挖出了深埋1米多深的虢季子白盘，"真的就像一个椭圆形的浴盆，周身布满细致的花纹，敲击时声音清脆悦耳"。而那挖宝的十几位农民，正是当年埋宝之人。在日军、军阀、土匪的强逼利诱下，他们都没有吐露半点风声，此刻却个个热泪盈眶。

刘肃曾更是万分激动，他向参与挖宝的农民们深深鞠躬作揖："刘家有此大喜，多亏了各位，请受刘某一拜！"当天，虢季子白盘被送往肥西县政府所在地上派镇，约两天后送往合肥。

1950年1月21日，合肥解放一周年，皖北行署主任

中国人民抗日战争纪念馆

宋日昌亲自主持召开隆重的献盘大会，接受刘肃曾献出的虢季子白盘。至此，这件在刘家传了四代、珍藏近百年的国宝，终于有了妥善的去处。这一天，文化部专门致电皖北行署："国宝归国，诚堪庆幸！"而合肥城内更是万人空巷，争着一睹国宝容颜。

根据中央指示，2月28日，刘肃曾护宝进京。3月3日起，文化部文物局在故宫团城承光殿为虢季子白盘举办特展，文化部部长沈雁冰为刘肃曾颁发了褒奖状，电影局北京制片厂也前往拍摄纪录片。郭沫若还亲笔题诗相赠：虢盘献公家，归诸天下有。独乐易众乐，宝传永不朽。省却常操心，为之几折首。卓卓刘君名，诵传妇孺口。可贺孰逾此，寿君一杯酒。从此，虢季子白盘珍藏在中国历史博物馆，供国人欣赏。

2008年3月，历经40多天制作完成的虢季子白盘复制品运回刘铭传的故乡肥西县。随着今年刘铭传故居的修复完工，稀世珍宝虢季子白盘的身影将重新出现在刘铭传故居内的"盘亭"之中。

刘学亚说，虢季子白盘的本身，就是一部沧桑史卷，将永远提醒合肥人、安徽人乃至全国人不忘60年前的那段岁月，"历史已经证明，父亲当年的抉择是对的，国宝只有回到人民的手中，才能具有历史价值，才能真正地成为历史"。

尹隆河之役

　　清廷的剿捻军事行动，在同治三年（1864年）僧格林沁中伏阵亡后，进入最不利阶段，不得不再次重用湘军领袖曾国藩为钦差大臣督办剿捻军务，又任用淮军领导中心李鸿章属理两江总督，办理剿捻的后勤补给事宜。而捻军则在苏、鲁、豫、皖、鄂各省流窜，动向不定，专向官军防卫之弱点突袭，以致各省当局防不胜防，不仅糜烂地方，而且裹胁日众，愈形壮大。

　　曾国藩在剿捻之初，即认为对付捻众的唯一法则，是设法将捻众拘束在一定的范围内再加以打击，基本上这一战略指导是正确的，但在实际行动上，却因剿捻主力淮军掌握在李鸿章手中，加以各防线上的指挥权不一，常各自为政，防务时有疏漏，导致同治五年（1866年）八月十六日任住、赖文光、张宗禹，由开封汴南卫河堤墙，经陈留东走，曾氏防河战略遂告失败。十一月十三日，同治皇帝任命李鸿章为钦差大臣，专办剿匪事宜，节制湘、淮各军，任命曾国藩为两江总督，署通商大臣。

李鸿章奉督饬之命后，立即重新部署剿捻军事，命刘铭传、刘秉章自周家口部回师东援，与周盛波、张树栅分道入鄂，又调李昭庆所统四营守御徐州城厢内外，王永胜所统十一营进扎皖徐交界之双沟，刘士奇所统七营进扎运河西岸。其剿捻军事战略，仍按曾国藩原定之"拦剿""围堵"与"追剿"三步骤外，并有以曾国藩之湘军主力霆军，会合淮军中战力最强武器又精良之铭军，共同夹击捻军的战术构想。另一方面，捻军自同治五年

李鸿章雕像

九月梁山大败后，会师于河南陈流，分为两支，梁王张总愚窜陕西称西捻，鲁王任柱与太平军遵王赖文光、首王范汝增等，则向东北走至山东，是为东捻，后更率众进湖北，计划渡汉水循宜昌入川。在尹隆河战役发生前，东捻拥众十万余人，盘桓在襄河流域及德安、京山之间的地区，东迄天门、应城交界处，战马近万匹，军队分布绵亘百数十里，正在作入川与入陕的积极打算。十二月六日，东捻在湖北安陆罗家集歼灭湘军四营，提督郭松林仅以身免。复于廿一日在德安府之杨家河歼淮军树字营，一时声势大噪。十二月廿四日，任柱、赖文光率捻军攻京山，当地知县陈祖心及把总欧阳步云，分段设防固守城墙，声势颇张，捻众乃撤城西走，不料一路被刘铭传的铭军追击，乃经安陆府城窜抵京山、下洋港境内。廿八日，捻军设伏于下沙港河边，企图引诱铭军渡河入伏，但为刘铭传所识破，任柱、赖文光、牛洛洪相率逃走，仅小部被歼。

同治六年（1867 年）年正月十五日，清廷剿捻主力刘铭传所属铭军与鲍超之霆军函约，于湖北省安陆尹隆河（今永隆河）夹击东捻遵王赖文光、鲁王任化邦之部。此役清军未料遭到捻军猛烈攻击，刘部猛将总兵唐殿魁、田履安先后中弹阵亡，几乎全军覆没，幸赖霆军解围方免于难。随后清军转败为胜，虽有 2 000 人伤亡，加上总兵唐殿魁、田履安战殁，但捻军阵方面损失9 000人、马 5 000匹，更有8 000人降清，是其成军以来最大挫败。致赖、任等之东捻军放弃入川计划，北走河南，退出湖北省境内，更导致捻军在战略上转攻为守，同年底任柱被杀，来年一月赖文光被俘，东捻军被清廷剿平。

尹隆河战役，不仅是清军对攻剿东捻军前期战斗中，最具决定性的一场主力战，亦为捻军由盛而衰的转折点。此次战役清廷虽然大获全胜，但随着军事统帅们的争功诿过与护短，加深刘铭传与鲍超的摩擦与冲突，让清廷剿捻停顿数月之久。鲍超本来等着朝廷嘉奖，不想却差点儿丢了脑袋，真是又急又气，当即晕倒。后来，鲍超抑郁成疾，回乡养病，一蹶不振。从此退出军队11年，

李鸿章

赖文光

1856年秋，太平天国发生天京内讧，大批将士死难，元气大伤。在这紧要时刻，赖文光改文从武，奉命到江西招兵，扩大太平军实力。

所部霆军更遭到遣散命运。这一事件引起包括曾国藩在内的湘军将士对刘铭传的强烈不满，李鸿章也十分被动，不得不出面上奏朝廷为鲍超请功。虽然事情总算得以平息，但却间接影响湘军与淮军的团结。因此，尹隆河战役实为剿捻过程中颇有争议之事件，对尔后战局之发展影响很大。

尹隆河战役在整个清廷剿捻的过程中，虽不算是一场大战役，但会战前东捻军自罗家集、杨家河之战后，军势大振，只待此战成功，即可抢渡汉水，实现其入川计划，所以双方都有非胜不可的意志。此次的战争结果，对清廷及捻军而言，都影响深远。

首先在清军方面：战前湘、淮军将领间本有芥蒂，湘军中以霆军战力最为强悍，淮军则以铭军为最佳劲旅。战斗时清军先败后大胜，但胜利的光环却因战后刘、鲍两人的争功透过，导致湘、淮二军的摩擦浮上台面。李鸿章则因曲意祖护淮系将领，乃具以奏报，以致清廷严旨斥责鲍超。加上当朝廷谕命湖北巡抚曾国荃复查时，曾氏因种种因素，导致在奏报中避重就轻，未于双方争议之处用心，反而扬刘抑鲍，让鲍超落得功过相抵，外加严饬之罪。鲍氏在郁愤不平之余，乃以称病告疾为由，坚辞统率霆军之责。尔后任凭李鸿章咨催，曾国藩出面函劝，鲍超始终赌气不再应命，遂致强悍十余年之霆军，仅留下十四营由唐仁廉统带，自此纳入淮军体系。而铭军虽败，在恤死抚伤，简卒补伍后，李鸿章更将树军剩余之六营兵力补充之，铭军在留驻河南信阳休整数月后复成劲旅，再度参加追逐东捻的战斗，并成为东捻军最可怕的敌人。

其次对东捻军而言：尹隆河战役失利后，只能在鄂豫皖地区反复盘旋打转寻求出路。虽然于三月曾在湖北蕲水六神港，歼灭湘军彭毓橘部，然而始终不能摆脱清军各部的围堵与追剿。在进军川陕的战略计划无法实现，又因不断的运动与苦战，到五月下旬后，东捻军在疲惫不堪之余，只有东向胶莱转战进军，以求觅粮就食。至此，进入三面环海、一面阻河的绝地，因而走向败亡之路。

陕西督军

　　清廷派左宗棠为陕甘总督并督办陕甘军务，镇压当地的捻军和回民起义。同治八年（1869）十二月，回民起义军击毙左宗棠爱将刘松山，一路南下。西太后急命李鸿章入陕督办军务。左宗棠唯恐李鸿章抢功，指使手下奏报陕西"匪患"已经肃清，则李不必西来。李鸿章也不想自讨没趣，因此派刘铭传前往。左宗棠对此也深表不满，不愿刘铭传插手其中。刘铭传自然对左宗棠的阻挠也不满，此时又接到西太后命令他随时密报左宗棠军情的密旨，因而对左宗棠上奏不实之处予以揭露。左宗棠得知内情，与刘铭传交恶。后来刘铭传到台湾督办军务时，左宗棠进行报复。

　　在派系林立的晚清官场，互相排挤、掣肘之事实在是司空见惯，即使像左宗棠、翁同龢、刘铭传这样的名臣也不能免。刘铭传大概是厌倦了官场中的相互倾轧、尔虞我诈，加上确实有病在身，遂提出休假回乡静养。清廷此时也来了个顺水推舟，使刘铭传的假期从3个月"延长"到13年。

刘铭传在赋闲期间，留心洋务，结识了许多当时的进步知识分子，也使自己眼界大开。光绪十年（1884）七月，法国远东舰队司令孤拔奉命率领舰队开往中国福建、台湾一带海域进行侵略活动。法国的行动计划是攻占基隆煤矿，夺取台北，进而吞并全台。台湾告急。清政府在危难之际又想起了刘铭传，急令他以巡抚衔奔赴台湾督办军务。

据说法国人得知刘铭传督办台湾军务的消息后，决定在海上谋害他。刘铭传表面上装得非常害怕，征调了不少水师船只保护自己。到了上海后，更装得畏畏缩缩，使法国人误认为他不敢到台湾去督师。正当法国人放松警惕的时候，刘铭传在一个风雨交加的晚上，早已微服坐船前往台湾了。

刘铭传到台湾后，发现台湾防务十分薄弱，总共40营官兵，号称2万多人，却要守卫长达2 000余里的海疆，而且装备极差，名为水师，却无船只，守岸炮台火炮又少得可怜。时任台湾道台的湘军将领刘璈又将40营兵中的31营部署在台湾南部，在台北只部署了9营。这一弱点为法国侵略者所窥知和利用。

保卫基隆港

　　19世纪七八十年代，中国的边疆危机日益加深。法国殖民者从越南南方不断向北方扩张，企图进窥中国西南边疆。1883年12月，中法战争爆发。次年6月，法军除在陆路节节进逼中国边境，海上则派法国海军中将孤拔率领炮舰20余艘，企图攻占福建和台湾海口，以逼迫清政府在谈判中让步。这时，清廷终于再次起用刘铭传，让他负责台湾防务。

　　1884-1885年的中法战争，分为前后两个阶段，第一阶段在越南北部及中越边境进行；第二阶段战火扩大到福建台湾沿海，有陆战和海战两个战场，尤以台湾陆战最为激烈。这是台湾进入半殖民地半封建社会以来一次规模最大、历时最久、战斗最为激烈的反抗殖民侵略的战争。在此之前，鸦片战争时期英国军舰对于台湾至多是骚扰牵制；日本因琉球船民被杀侵犯台湾，双方也并未正式接触。此次法军侵台，实属决心占据，事态的严重远非前两次可比，可以说，这是近代台湾真正的大保卫战。

1884年6月24日，刘铭传乘西太后和光绪皇帝召见之机，提出了"整顿海防以济当务之急，讲求武备以立

　　位于基隆市的刘铭传隧道，又名狮球岭隧道，目前被评定为三级古迹。全长235公尺，因土质结构复杂，北段为坚硬的岩石，南段为潮湿的软土，开凿极为困难，洞内共分7段，以不同材质堆砌或开凿而成，前后共花了30个月才完成。隧道南口外观以红砖砌成，并由刘铭传题额"旷宇天开"。狮球岭隧道是第一个铁路隧道，也是台湾仅存的清朝时期铁路隧道，深具历史意义。

自保之基"的建议，并指出建设国防的具体措施：严密防守各商埠及产煤地区，断绝敌舰之源，改建各海口炮台，配备炮队、水雷，裁撤长江、太湖水师，筹办中国海军，以严防守，速派精通业务者到外洋购买新式枪炮，以应战时急需，酌裁无用的募勇、绿营，编练新式军队，对统兵将领实行严格的考核和赏罚制度，设局译刻西洋实用书籍以备参考。

两天后，刘铭传受命以巡抚衔督办台湾事务。他从铭军部队中抽调陆操教习100人、炮队教习30人，水雷教习4人，并令铭军旧将王贵扬等10余人携带毛瑟后门枪3 000杆，配齐子弹渡海赴台。7月14日夜间，他趁着雷雨交加的恶劣天气，乘军舰躲过法国舰队，于16日在基隆港口登岸。

刘铭传认为，法军主要的攻击目标是基隆和沪尾（今淡水）两海口，故到台伊始，立即着手重新组织海岸防御：首先在基隆外海口门两山对峙之处，增筑社寮岛，仙洞山和沙湾炮台，阻遏敌舰入口。沪尾除原有沙仑旧炮台，又新筑中仑和油车口两座新炮台，填塞港道口门，阻止敌船突入。其次，由于台湾清军兵力单薄，刘铭传在全台推行团练之制，陆团在内地驻守，渔团在海上巡逻。同时，划全台为数个防区，分兵设将，各负其责。此外，在台北府设支应局，在上海设军械粮饷总局，保

障后勤供应。

8月3日，法舰4艘载海军陆战队近千人抵近基隆海口，企图占领基隆及附近的煤矿。刘铭传闻报，连夜从台北府城赶往前线。5日上午8时，法国舰队发炮猛轰各岸防炮台。基隆守军奋起还击，命中法旗舰"拉加利桑尼亚"号和巡洋舰"费勒斯"号。法军因正面攻击不能奏效，改由侧面进攻，连续轰击4个小时，摧毁了基隆诸炮台与火药库。刘铭传下令大部分守军暂退至山后避炮，另一方面以水淹没基隆八斗煤井，焚毁厂房及存煤，不给法舰队补充能源之便。法海军陆战队200余人先后换乘小艇登陆，占领大沙湾附近高地。

刘铭传鉴于法舰火力猛烈，决定待登陆法军脱离舰炮火力支援后，再进行反击。6日上午，他传令诸将到大营商议破敌之计。众人进屋时，却见他正在吃早饭，满面愁容地对身边幕僚叹息说："我曾经以数千人破10万军，都得力于唐殿魁和刘盛藻二人。可惜他们都死了。如果这二人还活着，我怎么会忧患法军呢？"一席话说得部将章高元、邓长安高声抗言：我们跟随你也有十来年了，你今逢绝境，我们也义不生还，刘铭传立即放下筷子，站起来握住二人的手，说："好男儿，勉立功名！唐、刘不得专美于前矣"。随即提出了"诱之陆战，两面夹攻"的作战方案，并做了具体部署。

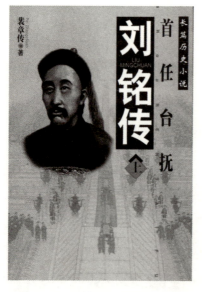

　　下午2时，马丁中校率领"巴雅"号军舰的陆战队员，猛攻清军曹志忠营所据守的田寮港西侧高地。曹志忠营迎头阻击，遂得胜，章高元和邓长安率亲军从东西两面袭击，成三面合围之势。不久，在山巅军旗之下的法军指挥官被清军击倒，全军大溃，伤亡近100人。残部狼狈逃回舰上，许多人落水而亡。

　　基隆抗登陆作战的胜利，使法国侵略军的嚣张气焰有所收敛，暂时改对台湾北部进行海上封锁，把舰队主力集中于福建水域。8月23日，法军舰队在马尾海战中获胜，清朝福建水师惨遭覆灭。9月30日，孤拔按照法国海军部的指令，率舰5艘（连同先期抵达的"梭尼"号等3舰共计8艘），陆战队1 000余人重返基隆口外，准备登陆后派兵绕袭守军侧翼，夺占狮球岭和基隆城，尔后进犯台北。为了分散守军力量，由利士比率三舰驶往沪尾（淡水），以攻势行动促使清军主力往援。

　　在法军不断增加的军事压力下，刘铭传在台湾的处境日益艰难。但他仍决心孤军抗敌。他判断法军得不到基隆之煤，万难用兵中国，遂决定亲率主力扼守基隆，以孙开华主持沪尾防御。

10月1日晨，法国海军陆战队一个大队在舰炮掩护下，在仙洞山海岸登陆，企图抢占仙洞山顶，安设炮位，配合舰炮掩护步兵沿岸边的山脊绕袭基隆守军侧翼。仙洞山阵地指挥官毕长和率100余士兵顽强抵抗近2个小时，终于失守。法军从山巅抄袭清军章高元、陈永隆部，并在山顶展开炮队，轰击清军阵地。清军坚守二重桥一带，顶住了法军的攻势。中午，法军另2个陆战大队相继登陆，准备次日继续进攻，这天夜里，刘铭传连续接到沪尾发来的3封告急信，内称法舰直犯沪尾口门，发炮如雨，新筑炮台全被击毁，形势十分危急。刘铭传考虑到基隆法军舰炮火力占绝对优势，且该地距府城较远，而沪尾距府城仅30里，遂决定放弃基隆，援助沪尾，固守台北，确保全台大局。

刘铭传的这一决策，遭到清廷、清军将士和社会各界的反对。但他力排众议，不改初衷，派人焚毁基隆煤矿，仅留300人守卫狮球岭高地，自率主力连夜往援沪尾。

10月2日，法军轻取基隆和狮球岭，因兵力不足，未敢进据基隆港东岸煤矿。刘铭传后来发现沪尾形势尚未明显恶化，即以章高元部增援沪尾，曹志忠部仍折回

基隆，在水返脚一带扼守，阻止法军继续南下。

此时的沪尾战场，由于得到4个营增援，实力大增，守将孙开华决心在北岸浅近纵深内利用丛林和高地设伏，待机歼敌。

10月8日上午9时，先后调集到沪尾海口的8艘法舰的舰炮向北岸海滩及守军营地猛烈轰击，掩护陆战队登陆。按照计划，法军应避开丛林，经红炮台山坡绕到白炮台东侧，夺取水雷点火站。但由于法军在滩头没有遇到任何抵抗，便宜扑白炮台。孙开华待敌军接近丛林、立即率两营从正面拦击，并下令埋伏于红炮台山后的章高元部和刘朝枯部从右翼出击。法军以密集火力阻止清军冲锋。章高元等裸身衔刀，大呼突入敌阵，法军退入小山进行抵抗，又突然遭到埋伏在草丛中的台湾"土勇"的攻击，法军惊溃，纷纷向海边逃窜。此战，法军被歼100余人，被俘10余人。

10月11日，法国拟定新的和议条件，其中一条是法国占领基隆、淡水作为可以接受第三者调停的先决条件。由于淡水大捷，清政府断然拒绝这样的条件。为了挽救进攻受挫、和谈停顿的困境，法国侵略者宣布自10月23日起封锁台湾。法军的封锁使台湾对外贸易交通中断，生产停滞，粮饷支绌。但在这种情况下，全台军民同仇敌忾，有钱出钱，有力出力，支援前线。许多大陆大小船只，不顾风浪和被截捕的危险，采取夜航、偷渡或在东南部海岸登陆等方式，突破法军封锁线，把3 000名淮军、60门钢炮、9 000支步枪、200万发弹药、40只鱼雷和10万两饷银安全运到台湾。沿海地方当局也纷纷"协饷馈械，南洋最多，北洋次之"。此外，云南广西两省军队也相机向安南边境的法军阵地进攻，以为牵制。在全国上下的大力支援下，台湾终于度过了法军封锁所引起的社会经济危机，使敌人的封锁计划完全破产。

基隆之战

从 11 月 7 日起，法国侵略军向暖暖、鸟脚峰、石梯岭等地发起进攻，企图将清军逐出基隆河上游北岸的三角地带，扩大前哨阵地。为此，台北清军与当地土勇与法国侵略军展开了长达 4 个月之久的拉锯战。为了在基隆山地消耗法军有生力量，刘铭传短衣草履亲临前线，深入士卒间吊死问疾，同饮共食，激励士气，一次次打退了法军的进攻。

但是，清军内部在作战方略上的分歧也越来越大。焦点集中在是否"不惜一切牺牲收复基隆"这个问题上。一方面是清朝廷严旨催促，"务须克复基隆"。另一方面，一部分驻台将领也受人鼓励，擅自用兵。早在 11 月 2 日，曹志忠不经刘铭传同意，趁夜领兵仰攻狮球岭九芎坑法军营垒，结果伤亡 40 余人，被迫撤退。刘铭传认为收复基隆，必须冒险仰攻，易损精锐，所以坚令曹志忠稳扎五堵营卡，切忌图功轻进。

1885 年 3 月 1 日，湘军王诗正部抵达台北，淮军聂士成部 850 人也在后山卑陆登陆。援兵的到来，给主张收复基隆的将领官员们增添了信心。4 月 3 日，王诗正擅率大队人马远离阵地寻求决战，企图一举克复失地。但这时法军作战部队已增至 3 000 余人。他们以杜塞斯雷率法军新锐力量 1 000 余人，配属重炮从八斗登陆，突袭月眉山清军阵地。而守军在月眉山、深埝坑 17 里宽的防御正面上，仅有1 400余人分守要卡。前线指挥官曹志忠一面集中700人坚守戏台山，一面飞书向刘铭传告急。5日晨，法军2 000人由枕头山、竹篙山、龙潭堵三路进逼月眉山，清军伤亡甚众。月眉山顶阵地失守，余部退往基隆河南岸。

夜里，刘铭传急率聂土成部400余人驰赴六堵，扼守台北大道，才使战局稳定下来。16日，法军派工兵数百人架桥开道，试图向河南发展，遭到清军阻击。此后战事遂成胶着状态。

3月24日，清军老将冯子材在中越边境取得了镇南关大捷，促使法国茹费理内阁倒台，并匆匆结束战争。法国侵略军陆续从中国领土上撤走。

法军多次进攻，用了不少气力，而始终局促于基隆港周围一隅之地，经常受到强大守军反攻的威胁。为了摆脱进退维谷的困境，法军于3月29日向澎湖发起进攻，31日占领澎湖岛。但与此同时，法军在镇南关大败，导致茹费理内阁倒台，中国占有了极其有利的形势。清政府决定"乘胜即收"，4月4日与法国签订停战协定。1885年6月9日，《中法合订越南条约》在天津正式签订，中国承认越南为法国的保护国，开放蒙自、龙州两地与法国通商，法军撤出基隆、澎湖，并撤销对于中国海面的封锁。在中国军民的英勇抵抗下，法国侵占台湾的战

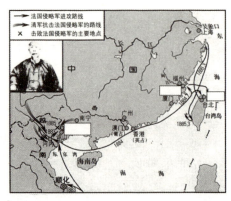

中法战争形势示意图

争以失败而宣告结束。刘铭传领导台湾军民顽强坚持战斗，苦战数月，为中法战争最终取得胜利作出了极大贡献。

在刘铭传的领导下，台湾军民同仇敌忾，终于在光绪十一年（1885）挫败法军占领台湾的阴谋，保卫了祖国宝岛台湾。刘铭传成为晚清第一个挫败侵略者使民族自尊得到张扬的民族英雄，也是继郑成功之后第二个为保卫祖国神圣领土台湾而英勇抗击外国侵略的杰出爱国将领。

刘铭传能够保台成功，除了战略战术正确外，还有以下因素：

第一，摒弃成见，重用湘军将领。他刚到台湾时，身边的淮军将领只有两人，士兵不过数百。而以台湾兵备道刘璈为首的湘军，在台湾兵多势众，对刘铭传深怀戒心，不愿受其节制。刘铭传对此采取谨慎态度，到台后主动先拜访刘璈，尽量缓和内部矛盾，以期两军协力，共同抗敌。在抗法战争中，与湘军将领孙开华、曹志忠共守台北阵地，放手让他们指挥，不去多加节制。台湾布政使沈应奎也为湘系，刘铭传"知其精明练达，久任储胥"，觉得人才难得，因此委以重任，使沈应奎成为他治台的得力助手。战后又主动为孙开华报请头功，次则淮军将领，而对于自己的从孙刘朝祜则仅述其功却辞其赏。这种公允大度的做法，获得了湘军广大将士的认可。

第二，依靠台湾士绅民众，自力更生。在后来法军围困台湾的数月中，刘铭传苦守待变，他向李鸿章表示"（铭）传同将士惟拼死守，保一日是一日"。同时他没有消极地坐待援兵，而是紧紧依靠台湾士绅和民众，号召他们出钱出力，保卫家乡。在此期间，台湾士绅自动捐款近百万两，台湾民众纷纷组织起来，协同官军作战。就是在台湾抗法战争最艰苦的时候，台湾依然是"将士奋发，土勇甚好，人人思战"，而且"米粮充足，市价如常"。

第三，身先士卒，同甘共苦。在战斗中，刘铭传短衣草履卧山野，每战辄亲自出战当先锋。有一次，法军开炮轰炸，他的马突然弯腿躺在地上，子弹从他头顶飞过，差一点儿被打中。尽管如此危险，他仍然与将士们同甘共苦。主帅的精神感染了将士，人人用命。

击退法军之后，刘铭传又上书朝廷，请求免去自己福建巡抚的职务，以使自己可以专心治理台湾。刘铭传于光绪十年到台，光绪十一年台湾正式建省，他成为台湾第一任巡抚。

台湾第一巡抚

接连不断的外国列强的窥伺和侵略，尤其是日本和法国的两次大规模侵台战争，使清政府逐渐认识到台湾是"南洋之枢纽"，"七省之藩篱"，加强建设、巩固海防已属刻不容缓。在此之前，1874年清政府已采纳沈葆桢建议，设立了福建巡抚冬春驻台，夏秋驻省的制度。在以后的具体实施中，由于福州、台湾远隔重洋，实则难以兼顾。中法战争，台湾成为一个重要的战场，战争暴露了清政府在军事上的突出弱点，尤其是海防的薄弱，这在战后成为清廷内部讨论的主要议题。在几经讨论后，1885年，清政府决定台湾正式建省，改福建巡抚为台湾巡抚，任命抗法有功的原福建巡抚刘铭传为第一任台湾巡抚。

台湾建省的提出及其实现，是19世纪70年代初至80年代初海疆危机的一再刺激下促成的，带有明显筹防御外的性质。自建省分治后，全面推行自强新政，加强海防，推动了台湾社会经济的发展，加速了台湾迈向近代化的步伐。首任巡抚刘铭传是清末洋务运动中比较具有时代眼光、革新思想和实干精神的杰出代表人物。

刘铭传1891年离开台湾，他用了前后不到7年的时间，在台大展抱负，进行了广泛而大胆的改革，全面推进台湾的近代化进程，使台湾的面貌焕然一新。这次自强新政是清朝统治台湾200年中最重要、也是最后的一次改革，其主要内容如下：练军队以厚兵力，筑炮台以严海防，设制造局、军械所以造兵器，集捐输以充经费，

中法战争

厚礼聘以聚人才，抚生番以开疆土，丈田地以纠隐匿，编保甲以别良莠，移穷民以垦荒土，兴织造以杜漏卮，惠商顾以广交易，筑铁路以便交通，架电线以灵消息，购船舶以增航路，立公司以结商团，聘西医以疗疾病，建学堂以施教育，置隘勇以密巡防，兴水利以资灌溉，开矿产以集材料，铸货币以便民生，革税法以维国计，这一切的目的都在于使台湾能成为全国的模范。他在台湾创新的一切新政，奠定了台湾近代化的基础。台湾学者称刘铭传为"理台政治家第一人，其功业足与台湾垂不朽矣"！有学者称他为台湾洋务运动之父和台湾近代化之父。

巩固海防。刘铭传建议在台湾建立海军，清政府以"已有南北洋海军和经费短绌"为由不予采纳。刘铭传于1884-1885年先后购买南通、北达等几艘小船，供缉捕、运输兼通文报之用，并雇洋匠自造驳船一艘，用以运炮械、安置水雷。在台北建机器厂，自制枪弹，准备继建大机器厂制造炮弹，同时，设立军械所和火药局，他又聘德国技师重建基隆炮台，兴工加固安平、旗后、沪尾、妈宫、西屿、大城北诸炮台，配备强劲大炮，火力增强数倍。在基隆和沪尾设水雷局和水雷营，使水雷与炮台相资为用。此外，他还进行整军、练兵，防军全部改用洋枪，聘请外国教习，加强训练。在台北设总营务处，统辖全台军务。在他的大力整顿下，台湾防务已日见充实。

　　建设交通。刘铭传是近代中国大倡兴建铁路的第一人。在他推行新政时，制定了以"兴造铁路为网纽、辅之以电线邮政"的方针。1887年7月，台北成立"全台铁路商务总局"，聘英德两国人为工程师，着手修建铁路，前后历时6年完成了基隆至新竹全长106.7公里的铁路，成为中国人自办自建的第一条铁路。1886年台北设电报总局，架设水陆电线，全长700公里，大大改善了岛内外的电讯交通。1888年创立新的邮政制度，在台北设立邮政总局和各地支局，发行邮票。有南通、飞捷两船定期往来于台湾与大陆之间，邮路远至厦门、福州、

刘铭传建设台湾

广州、上海、香港等地。这是我国最早的自办邮政业务，比清政府成立的邮政官局早8年。

发展商务。1886年台湾设立商务局，先后向英、德购买威利、威定两艘旧轮作为商船。派李彤恩等到新加坡设立招商局（后改为通商局），通过向华侨招募股份购买轮船，设立轮船公司，航行于台湾与大陆各埠，远至新加坡、西贡、吕宋等地。刘铭传是具有近代思想的洋务派官员，他摆脱了传统教育中"重农抑商"的思想，十分重视商业，强调通过"商战"与敌争利。刘铭传也下大力气开发，并使之参与国际市场上的商战。这些举措，为巩固台湾和建设台湾提供了经费，也使百姓从中获利。

兴办新式企业。1886年他在台湾设立樟脑总局，实行樟脑官府专卖制度，严厉打击走私；放开硫磺开采禁令，使之可以理直气壮地在国际市场上与日本等国产品竞争。1887年台湾设立煤务局，采取官督商办方式，投资购买新式机器开采，日可产煤万余斤。但因管理不善，时有亏折，收回官办后仍无起色。刘铭传曾希望与英商合资开采煤矿，清政府以恐别生枝节为由驳斥不准。1886年在沪尾设立官办硫磺厂，用新法熬制获利甚多。1887年设立官办机器锯木厂，为铁路提供枕木。同年又设煤油局生产煤油。在台北设立警察，组织商人成立兴市公司，兴建商店。此外还装设电灯，开凿新式公共水井，购买第一架蒸汽碾路机，并设置了专管市内卫生的机构。

改革关税制度。第二次鸦片战争后，台湾成为对外通商口岸，吸引了大批外商。这些外商以台湾是通商海口为借口而拒交纳内地关税，致使中国流失大量税源。刘铭传抚台后，坚持外商进入台湾内地经商，必须持三联税单，否则一律征收内地关税。这一下，气得奸商们暴跳如雷，他们向总理衙门施加压力，逼其下令阻止刘铭传的行动。面对内外压力，刘铭传不为所动，据理力争，义正词严，有理有据，连李鸿章也不得不表示这样

刘铭传

做是行之有理的。

抚番与垦荒。刘铭传的抚番政策为恩威并用，剿抚兼施。恩抚不从，方行威剿，威剿之后，仍归恩抚。如有官吏凌虐番民，汉人夺占番地，均予惩处禁止，绝不偏袒。番人劫杀居民，不听晓谕，则威之以兵。1885年首抚北路淡水东南马来番，为其定规约，命其遣子弟至城读书，雉发归化。生番地界，各归各业，不许军民侵占。

从1885年冬至1886年夏，半年之间招抚400余番社，归化7万余人。1887年春夏之间，后山抚218社，番丁5万余人，前山抚260余社，番丁3.8万余人，田园数10万亩。全台大定后，于是广招福建贫民扩垦，使番众与内地人民共处杂居，逐渐改变他们的习俗，同时改进他们的经济情况，使"耕织自精，货财自殖"。1886年5月设全台抚垦总局，以林维源为总办，南、北、东三路分设抚垦局及分局，并在各重要番区如大科崁、东势角、埔里社、苏澳、花莲等处，各立抚垦分局。局中有医生、教耕、教读等人员，开义塾，教番人童子读书。另外在台北特设番学堂，供给他们衣食，教以汉文、算术、官话、台语、起居礼仪，并常让他们与汉人接触以起潜移默化的作用。让他们消除疑忌，不以异类自居。为了抚番，刘铭传"三亲绝域，蒙瘴涉险，不骑而徒。彼其不知暇逸哉，其所志者远也"。这一切都有利于台湾社会的近代化发展。

他充分依靠台湾士绅，尽力做到"凡在台官绅，有可用者，无不广为罗致"。曾任太常寺少卿的林维源急公好

刘铭传亲自监督修建铁路

义。法军围困台湾时，他带头捐银20余万。刘铭传对林维源非常器重，称赞他"笃实忠勤"，不仅为他报功请赏，还推荐他担任帮办台北抚垦、帮办全台抚垦、督办台湾铁路商务等职，让他参与治理台湾的各项要政。有人说，刘铭传在台湾是"惟绅是赖"。

雾峰林家也是他主要依靠的对象。林家是台湾彰化大豪绅。林朝栋的父亲林文察在同治二年（1863）因镇压台湾戴万生起义立功，担任过署福建提督，后来战死在漳州，谥刚愍，立传建专祠。林朝栋和林朝昌是台湾义勇首领，在抗法中备资募勇，杀敌前驱，配合官军发挥了重要作用。刘铭传保奏林氏兄弟，林朝栋担任道衔兵部郎中，林朝昌担任守备。

刘铭传还为雪林文察之弟林文明的冤狱专门上书朝廷。林文明，性粗豪，因为镇压戴万生起义为起义军后代所仇恨。加之他遇事多武断，得罪的人就更多。同治九年（1870）他被诬告谋反。当时台湾道黎某非常凶悍，得到闽浙总督便宜行事的授权后，派官吏凌定国前往彰化城向林家问罪。林文明坦然冠带到县衙对质。凌定国出其不意，将林文明杀害，然后以"露刃登堂，率众拒捕"上报。林家多次上告，但终因官官相护而未果。

刘铭传为此案写了数千言的奏折，将事情的前因后果原原本本地上报给朝廷，后来刘铭传"复奏建刚愍祠

刘铭传隧道南口外观以红砖砌成，并由刘铭传题额"旷宇天开"。

塞其悲"。林朝栋对此铭记于怀，台湾被日本占据后，他仍然穿华装不归日，说："吾不忍负刘公也！"

清赋丈田。刘铭传在台湾遭遇最大阻力的事情就是"清赋丈田"。台湾田赋极其紊乱，在豪绅吏胥的包揽控制下，"强者有田无赋，弱者有赋无田"，"田去粮存"，求免无路。台湾的一些大租户隐瞒实际土地数目的情况十分严重，以此偷漏巨额的政府税收。刘铭传实行"清赋丈田"的目的就是使这些地主豪绅按照实际田额缴纳田赋，同时废止这些大租户的收租权和土地所有权。以此来增加财政收入。1886年5月，刘铭传奏请实行清赋，由清赋总局进行会查保甲，清丈田亩，历时两年多，完成了清丈工作，田赋大量增加，年收入达67.4万余两，比原额增加49.1万余两。此外，在整顿税收方面也取得了巨大成绩。经过整顿后的茶税年增13万两，盐税增12万两，樟脑、硫磺增30万两，鸦片增40万两，加上其他各项收入，财政总收入从90万两激增至300万两，最高达到450万两。国防、交通诸项建设经费之事始有着落。这一举措触动了大地主豪绅的根本利益，遭到他们十分激烈的反对和抵制。刘铭传作了一些让步，但清赋的决心没有丝毫改变。在这种背景下，彰化县发生了施九缎聚众围攻县衙、斩杀提督朱焕明事件。

　　这时，刘铭传陷入了内外交困的境地。一方面是台湾士绅制造流言蜚语攻击他，一方面是朝廷上的政敌设法诋毁他，最高统治者也责备他行动"过激"。

　　刘铭传自己曾经说过："只身渡台，内忧外患，孤孑危艰，无复生人之趣。自分不死于敌，必死于谗，冰蘗孤怀，至今心悸。""不死于敌，必死于谗"，正是刘铭传对官场斗争残酷性的切身体会。自从刘铭传赴台以来，各种谗言就没有断过。当初他决策"撤基援沪"，就有刘璈等人造谣生事，险些造成军队哗变。后来左宗棠又听信片面之词而上疏朝廷弹劾，要不是刘铭传反击有力，差一点就身陷冤狱。而此时，刘铭传的处境更加艰难，一是台湾岛内大批士绅对他由支持转为排斥，二是朝中最有力的支持者醇亲王奕譞也离开人世。刘铭传知道大势已去，于是连续三次上折请求开缺，回乡养病。光绪十七年（1891）四月，朝廷准许刘铭传开缺。台湾首任巡抚，就这样黯然地离开了他所挚爱着的台湾。

　　刘铭传隐居乡里的几年间，并没有忘怀国事。光绪二十年（1894），日本军队入侵朝鲜并突袭中国运兵船，中日战争爆发。刘铭传在台期间，就担心日本日后会侵吞台湾，因而有针对性地研究了日本的情况，并提醒朝廷提高警惕。此时的刘铭传盼望能再次为国驱驰，朝中

的一些有识之士也纷纷荐举刘铭传为钦差大臣督办台湾军务。但当年曾因宝物的事与刘铭传结怨的翁同龢不同意，结果此事就没有了下文。

刘铭传始终心系台湾，听到清政府甲午战败、割让台湾的消息后，他整日沉默无语，"忧思郁结"，终至卧床不起。据说，刘铭传死前还面朝东方高呼："苍天啊，还我的台湾！"刘铭传死后，台湾民众歌颂追思不已。

提倡新式教育。台湾发展需要一大批专门人才，刘铭传深知培养人才的重要性。1887年在台北大稻埕创立西学堂，聘请西人教习讲授英语、法语、数学、理化、测绘、历史、地理等课程，于西学余闲兼课中国经史文字，使内外通贯，培养通晓近代科学、善于对外交涉的

人才。经过严格甄选，第一批招收学员64名，所有费用全部由政府供给，年支银1万余两。1890年又设电报学堂，招收西学堂和福建船政学校学生10名，学习电讯专门技术，并于1890年设立番学堂，为原住民培养骨干和通事人才。在刘铭传的积极倡导下，台湾教育进入了新的历史时期。

增设府县。台湾土地面积3.6万平方公里，清初仅设一府三县，不久增为四县，统治所及限于西部沿海平原地带。后以土地日辟，人口倍增，于1875年增设了一府四县，共有两府八县，然仍不能满足实际需要。刘铭传就任台湾巡抚后，按建省规制，以彰化位于全岛中央，平原宽敞，定为省会，设首府曰台湾府，附郭首县曰台湾县；另划嘉义以东、彰化以南、方长百余里之地为云

刘铭传故居

林县，分新竹西南沿山新垦地带为苗栗县，升卑南厅为台东直隶州。在省会未建以前，因台北接近福州，先以台北为施政中心。于是全台共有三府、一直隶州、十二县、五厅，划疆分守，初具规模，奠定了今日台湾地方行政区划的基础。

刘铭传的改革涉及军事、行政、经济、文化各个领域，范围相当广泛。因为当时台湾正面临着帝国主义侵略的严重威胁，一切措施不得不首先从巩固国防出发，并始终以巩固国防为中心。为了巩固国防，就必须整顿军备，增强防卫能力；开拓土地，以保持岛内秩序的安定；发展交通，便利岛内各地及其与大陆的联络。为了巩固国防，就必须筹措大笔经费，办法之一就是清理田赋，在这方面，刘铭传做出了巨大的成绩。办法之二是倡办实业，发展生产。而为了巩固国防，发展交通，兴办新式工业，又必须培养大批科技人才和吸收外国先进经验，因而有西学堂和电报学堂的设立和外国技师的聘用。凡此种种，都可以说明，刘铭传的改革虽然发生在大陆洋务运动的后期，在许多做法上也不可避免地会受到大陆洋务运动的影响，但和"重在防内，并无对外意图"的李鸿章之流所搞的洋务运动还是有差别的。刘铭传很注意吸收华侨和民间资本，他所兴办的铁路和煤矿都有商股参加，有些企业办不好就交给民办，这也和官办占压倒地位的某些洋务企业有所不同。他所创办的企业如铁路、邮政、电讯、航运等等，多数都卓有成效，不像大陆官办企业那样积弊重重，亏损日甚。刘铭传的眼光不仅仅以台湾为限，他还希望"以一岛基国之富强"，以台湾"一隅之设施为全国之范"，从这点看，也应该肯定他是晚清洋务运动中一个具有进步倾向的人物。

然而，刘铭传的改革是在当时已经腐烂透顶的清政府支配下进行的。在其推行过程中，他遇到了来自各方面的种种阻力。因此，尽管他很想有所作为，也做出了巨大的成绩，但还是有不少人对他进行掣肘、攻击与诬蔑，迫使他不得不于1891年告病辞官而去。继任的台湾巡抚邵友濂眼光短浅，思想僵化，尽废刘铭传新政，清代所实行的唯一有计划、有成效的改革就此夭折了。1896年，刘铭传在家病逝，清追封太子太保，谥壮肃，准建专祠。刘铭传晚年自号"大潜山人"。

有人说刘铭传"倡淮旅，练洋操，议铁路，建台省，实创中国未有之奇"，而其最伟大的成就，最值得后人景仰的事功则为"建台省"——建设一个近代化的台湾。

刘铭传故居

　　刘老圩，这座隐没在山乡野岭庄园的坎坷命运，几十年来，不知道一直牵动多少人的心。1836年9月7日（清道光十六年七月二十七日）凌晨，刘铭传生于合肥西乡井王四房部（今肥西县南分路乡建设村四房村民组）。1856年8月，其家被抓捕刘铭传的清兵焚毁，今只存当年屋后月芽塘轮廓及房屋柱基、条石。

　　1868年，刘铭传回乡择址（在原址东南约3 000米）兴建新宅"刘老圩"。圩基包括水面，占地约6公顷。建圩时四周挖壕沟垫圩基地，西面挖大堰烧砖瓦，就近从山上取石料。为了面对大潜山，刘老圩建筑坐西朝东。刘铭传晚年自号"大潜山人"，可见他对故乡的怀念。

　　圩内四周是深壕和石围墙，大潜山汇流的金河水绕圩而过。围墙上配有5座碉堡、炮台。分内、外壕沟。外壕有东南、东北角两大吊桥，各桥分别有两层门楼7

间，住有兵勇护圩。过外吊桥进圩内即是内壕沟，每座吊桥处均有门楼。

刘老圩正大厅为三进，每进三间。头进与二进之间的天井院内是回廊包厢，第三进为两层堂楼。正大厅大门面对外壕沟月芽塘，月芽塘两尖角内弦是矩形荷花池，池中有花圃。正厅西南角是西洋楼，两层三间，楼上藏书，楼下住人。正厅北面是钢叉楼，两层五间，因大潜山侧有老虎洞，建此楼"压邪镇圩"。楼后的盘亭，四面环水，唯石桥相连，存放国宝"虢季子白盘"。盘亭北面的九间厅，是刘铭传迎客会友之处。厅后的小岛曾经是弹药库。刘老圩西水面上有一大岛，是读书的好所在。当年刘铭传常在此读书，后有栈桥通往岛上。据说刘铭传晚年时曾拆了栈桥，每天摇船送孙辈到岛上读书，中午送饭吃，傍晚才准回家。刘铭传的后代多在圩内居住。这一片建筑群19世纪末曾遭火灾，解放初因军工建设需要改建为仓库。现仍存灾后重建的九间厅和当年种下的古柏、广玉兰等，只是房屋破了而路宽了。刘铭传故居被列为省级文物重点保护单位。

那是1995年的金秋时节，经过精心准备和真诚邀请，海峡两岸纪念刘铭传逝世100周年纪念盛会在合肥举行，80多位来自台港澳和内地的史界学者和刘氏后裔们，第一次聚在了一起，他们不仅深情缅怀这位中国近代著名爱国将领对祖国统一、开发台湾和传播近代文明所做的贡献，会后，更是齐奔刘老圩，以期瞻仰故居遗貌，一路上从没到过刘老圩的学者们激动不已，热情喷发。然而，当他们突然面对那一汪静水包围中的破败庄园，面对着怎么也不敢相信的断壁残垣和散落枯草丛中的猪圈、鸡粪的时候，他们惊愕了！后来，尤其是近年间，一批批更多的海外同胞慕名而来，却抱憾而归。从那时，一阵阵对于刘老圩现状和要求保护的感慨、争论乃至呼吁的声音就从合肥和安徽的外部传来。

其实，从肥西到省会合肥乃至安徽，吁请保护和开

刘铭传故居

刘铭传故居中遗存完好的旗鼓石

发刘氏故居的努力自新中国成立以来就从未间断。

前段时间，肥西县文化馆的工作人员整理了一些大多已泛黄的史料，这仿佛让我们看到一颗颗关注刘铭传、热心刘老圩保护和开发事业的心在跳动。让我们看看有关保护和开发刘老圩事件时间表，让事实站出来说话。

1984年肥西县文化工作人员初步整理圩中文物资料；1985年刘铭传与台湾建省100周年学术研讨会举行；1986年刘老圩被肥西县定为县级文物保护单位；1992年9月5日肥西县上报刘老圩申请省级文物保护单位资料；1995年刘铭传逝世100周年学术研讨会在合肥举行；1998年肥西县再次整理刘老圩文物资料；1998年12月刘老圩被批准为省级文物保护单位；1999年4月安徽省政府派出8位参事带着部分专家第一次正式地对刘铭传故居进行了综合考察，并写成了关于刘老圩开发利用的考察报告。1999年4月20日该报告呈报省政府；1999年5月18日，市政府向省政府呈报关于要求使用单位归还刘老圩的请示，同年12月安徽省刘铭传研究会成立；2000

年上半年新华社记者首次撰文披露刘铭传故居遭破坏的消息，引起国家有关部门高度重视，省内外诸多媒体同时予以关注；同年9月29日国家文物局致电省文物局要求重视故居保护开发，10月18日省文物局就国家文物局的致电，呈报省政府办公厅关于故居保护情况；2001年12月，市政府召开刘铭传故居修复问题协调会；2002年4月肥西县收回刘老圩，当年下半年，该县拨款2万元对刘老圩濒临倒塌的"五间房"进行外修，有关专家称，这是多年来呼吁保护刘铭传故居迈出的实质性一步，同时也为保护和利用故居拉开了帷幕。然而，由于经费等一些原因，回收之后的刘氏故居至今依然带着伤痕静躺在大潜山巨大的臂弯里，躺在新一代文物保护工作者和海峡两岸同胞热切的目光中。

刘铭传故居"刘老圩"

刘铭传墓园

　　提到刘铭传，人们都知道他是晚清著名爱国将领、台湾首任巡抚，在抗法保台和开发建设台湾的过程中做出过卓越贡献。然而，很少有人知道，因为种种原因，这位传奇人物的骨灰一直没有安葬，多少年来一直默默地放在其后人的家中。

　　"青山有幸埋忠骨。"令人欣慰的是，2008年刘铭传的家乡肥西县已决定在合肥海拔最高的山——大潜山建设刘铭传墓园，并把它作为爱国主义教育基地。

　　刘铭传是一位有重大历史贡献的安徽历史名人。公元1884年，刘铭传临危受命，从家乡合肥出发赴台，抗击入侵台湾的法军，后担任台湾首任巡抚，开启了台湾的工业化、现代化之门。然而，有谁能想到，这位抗法保台的民族英雄却一直没有"入土为安"。

　　刘铭传的一生有着传奇色彩，尤其与"六"字有着不解之缘。刘铭传生于1836年，卒于1896年，享年60岁。他在家里排行老六，因少时生天花，人称"刘六麻子"。他1856年在六安兴办团练。1862年创办淮军"铭字营"，当时年仅26岁。台湾建省后，他当巡抚6年。

刘铭传还创造了中国六最：最早采用西式装备和操练方式；最早上奏折倡修铁路；最早在一省范围内推行全面改革并取得成效；在台湾创办全国最早的、独立的邮政局；在台湾修建最早的一条实际营运的铁路；在台湾提出中国最早的创办经济特区计划——基隆煤矿承办章程。

刘铭传去世后竟然仍与'六'字结缘，遗骨和骨灰曾经6次搬迁，最后保存在其后人家中，没有正式安葬。

1896年1月12日，刘铭传在六安麻埠刘新圩去世，遗骨暂时安放在圩内，拟择时安葬。1896年春，一场大水冲毁刘

刘铭传墓

新圩，刘铭传家人将棺材放在竹筏上运回肥西，葬于离刘铭传故居刘老圩十几里远的金桥吴家院墙。

1958年"大跃进"时，平整土地，刘铭传墓被挖开。在当时省政府的支持下，刘铭传曾孙刘肃曾先生的夫人和亲戚去刘铭传墓地察看，发现刘铭传随葬品仅剩帅袍等少数物件。他们把遗骨捡出，包以帅袍残片，带回合肥火化，珍藏家中。

1964年，刘铭传的后人刘朝望的夫人周宗文由上海来合肥时，受刘肃曾先生的委托，将刘铭传骨灰盒连同后人刘朝望的骨灰送往苏州天平山灵岩寺保管。1966年秋，苏州天平山灵岩寺住持通知将存放的骨灰盒取回。周宗文委托娘家侄儿周国保将刘铭传及刘朝望骨灰带回老家长丰县三十头村，趁天黑埋入村后坟地，堆成两个相连的小坟包。周国保及家人从来不敢透露这是刘铭传的坟墓，恐遭人盗掘。周国保去世后，由其老伴和子女负责看护祭扫。

20世纪80年代以后，刘朝望之子曾寻找刘铭传之坟。1985年，刘铭传后人刘学亚和合肥市文物考古专家程如峰由合肥市政协原副主席萧克非先生委派，在知情者的指点下，曾往上海查访刘铭传骨灰，后辗转找到长丰县三十头村，察看过此坟。因此，刘铭传骨灰埋藏地，除周国保家人外，只有刘家数人及程如峰先生知道。

2000年12月13日是刘铭传骨灰发掘的日子，马骐老先生作为合肥市地方志专家，和合肥市文物考古专家程如峰先生，应邀作为见证人和记录人。当时，20多位刘铭传后人齐聚发掘现场。

亲手掩藏刘铭传骨灰并负责看护的周国保（1985年亡故）的老伴和子女指认刘铭传坟墓所在地。这块墓地在长丰县三十头村的一个岗头上，墓旁有一棵大松树，成为其一个明显标志。刘铭传的墓极其简陋，甚至不及旁边一般村民的孤坟，"这位重要的历史人物身后竟如此凄凉，在场的人都感到十分的心酸。"

刘铭传骨灰盒出土时已严重腐烂，一碰就破，不过，

刘铭传遗骨安葬大典

骨灰保存基本完好。此后，刘铭传骨灰暂时放在其后人家中轮流保管。刘铭传骨灰出土的消息一经传出，各界人士十分关注刘铭传骨灰正式安葬的问题。大家认为刘铭传作为有重要历史功绩的名人，应该建一座规模较大的墓园，以彰其功。肥西县政府很快将建设刘铭传墓园一事列入议事日程。

由于刘铭传骨灰一直无法正式安葬，合肥市文物考古专家程如峰十分着急。

"英雄魂归何处？"几年前，他曾致信当时的台北市长马英九，与他探讨是否可将刘铭传骨灰安葬在台湾，因为刘铭传一生最辉煌的时期是在台湾度过的。马英九将信转给时任台北市文化局长的龙应台，龙应台很快就给程如峰回了一封信，建议还是将刘铭传骨灰安葬在他的家乡肥西县。

刘铭传的后人、安徽省刘铭传研究会会长刘学宣，为了给先人的墓园选址，也曾颇费思量。他来过大蜀山、紫蓬山和大潜山，最终还是定在大潜山。因为刘铭传生前曾对家乡的大潜山饱含深情，据说年轻时的刘铭传曾登上大潜山仰天长叹："大丈夫当生有爵，死有谥！"刘铭传成名后自号"大潜山人"，他创作的诗作也命名为《大潜山房诗钞》。据此，刘氏后人都赞同将刘铭传的遗骨葬在刘老圩附近的大潜山。

肥西县政协副主席卫先毓说，为了让刘铭传尽早"入土为安"，肥西县政府对墓园选址也高度重视，综合各方意见，并征得刘铭传后人的意见，最终确定将刘铭传的墓园建在合肥海拔最高的山——大潜山。

为了让墓园更加吻合当时的时代特点，规划设计人员曾赴湖南考察了与刘铭传同时代的人物，如曾国藩和左宗棠的墓园，并将按刘铭传的官秩来设计墓园。同时，鉴于刘铭传非同一般的历史功绩，这位传奇人物的墓园规模将远远高于曾国藩和左宗棠的墓园规模。

根据刘铭传墓园的规划，墓园建于大潜山的北麓。规划设计人员考虑，由于大潜山北麓没有耕地、林地，基本上是光秃秃的石山，在这里建设墓园有利于保护生态。规划设计人员将在建设墓园的同时，大面积增加北麓的植被，一方面衬托墓园，一方面也有利于改善大潜山的生态环境。"刘铭传墓园建成后，将使这片荒山成为青山。"

肥西县政协副主席

卫先毓透露了墓园的规划方案："墓园高度为146米，形状看上去有点像南京中山陵。"墓园外是一个大的停车场，一进门是一个照壁，经通道拾级而上，沿途可见石马、石猪和华表，在半山腰有祭祀的广场。"刘铭传墓园建设均由政府投资，工程分为两期，初期投资约为500万元。2008年10月23日开标，下周正式开工建设。大寒之前务必要让刘铭传的骨灰入土为安，并将举办安葬仪式。"

肥西县在建设刘铭传墓园的同时，围绕刘铭传故居，还准备打造台湾风情一条街，将原汁原味地浓缩台湾几个时期建筑、文化的要素，可能还会请台湾同胞对风情一条街进行建设、管理和经营。由于淮军中的爱国将领主要出自肥西，肥西县还将打造淮军文化园，目前正在呼吁立项。此外，肥西县将刘铭传墓园、故居作为紫蓬山风景区的一部分，进行全面规划，欲打造成为重要的人文旅游景点。

两位台湾客人参观了刘铭传故居，当得知刘铭传墓园即将开工建设时，十分高兴。他们说："刘铭传在台湾妇孺皆知，他是保卫和建设台湾的大功臣，台湾人民对他有很深的感情。"两位台湾客人称刘铭传墓园的建设有历史价值、文化价值和观光价值，是两岸交流的一个重要平台。

刘铭传墓园将成为爱国主义教育基地，成为联系海峡两岸人民的纽带和肥西县一个重要的人文旅游景点。

刘铭传小住芜湖之谜

清光绪九年即公元1883年11月到1884年4月，台湾首任巡抚刘铭传曾在芜湖居住了5个月的时间。

这时，刘铭传尚未奉诏到台湾就任，属于赋闲官员，从1871年赋闲起，匆匆已有13个年头了。还在1871年10月，在平定西部捻军和回民起义后，刘铭传就在陕西乾州连打了3次报告，要求回乡休假。休假的理由是他"脑痛欲裂，坐卧难安"，"两足肿痛，举步维艰"。清廷见他一再要求，就恩准他回籍调理，时间是3个月。

此次归来，虽有疾病缠身，但戴着直隶提督官帽，顶着一等男爵头衔，刘铭传也着实春风得意，沉浸在衣锦还乡、光宗耀祖的喜悦之中。不料，就在他到家一个月后，仿佛晴空一声霹雳，一道圣旨传来，着刘铭传交部议处，予以革职，一下子把这位35岁的汉子震昏了。这到底是怎么回事呢？

　　原来是他统率的铭军在陕西"哗变"，几天内溃散逃奔殆尽。这次哗变可以说是当时铭军内部矛盾发展的结果。铭军驻扎陕西乾州一带时虽已发展到 2 万余人，但很多下级军官和士兵都是过去太平军和捻军战士。他们虽然跟着当时的首领投降了刘铭传，但内心毕竟不服，于是就在军队内部组织秘密的会党，互相联络，待机而动。刘铭传平时只注意抓军事工作和扩充发展事业，对军队下属的思想政治工作很少过问，因此留下了致命的"隐患"。这是原因之一。

　　原因之二是刘氏家族人对刘铭传在推荐继任统领问题上有不满情绪。公元1871年底，刘铭传离营归乡，清

捻军

廷要他推荐一个继任统领。依他的军师刘盛藻之见，此统领当推刘氏家族人担任为宜，并荐举了刘盛休。刘铭传这一回没有听他堂侄兼老师的话。他对刘盛藻说："子务师台大人，如果你不是同我一起归乡探亲，这个继任统领非你莫属。至于刘盛休这个侄子，打仗倒可以，但管理统领能力不行。更何况推荐刘姓人，让朝廷和外人认为我刘铭传私心太重。"

于是，他向朝廷密荐了一个天津籍的外姓人曹克忠继任统领，并密荐了一个外姓人王家璧予以佐助。这曹克忠原是满族将军多隆阿的部下，后归属于湘军系统，时任甘肃提督，算一个省军区的司令员，但在平定捻军和回民起义期间归了直隶提督即相当于今北京军区司令刘铭传的管辖。铭军上下见两个外姓人担任统领和副统领，与他们职位不相上下的刘盛休等铭军将领被边缘化，处于扛小旗、敲小锣的地位，立刻白眼翻翻、群情汹汹。有人会问，曹克忠又是如何处理的呢？

曹克忠一介武夫，却高调处世，没有自知之明。他见铭军将官不太听话，为立威就常常严惩触犯他军颜的部下，三天两头就见到有人被打得血肉横飞或被推出斩首示众，这更激起了铭军将士的反抗。在甘肃军队马世俊骑兵哗变时，铭军内原先的"降捻多叛应"，尤其是铭字武毅右营，士兵举行了大规模的暴动，把营官几乎杀

尽，然后逃之夭夭，不见踪影。清廷闻讯，震怒不已，除将曹克忠、王家璧革职外，还下旨将在家休假的刘铭传交部议处，予以革职。

刘铭传听到这个消息后，不禁在家跺脚恨声："用人不当，事情砸蛋。我的过错！我的过错！武夫曹克忠太浅陋，他怎么知道山海的高深呀?!"但不管如何追悔，都来不及了，刘铭传被革除一切职务，一下子从军区司令降到平民位置。他的职务后来恢复了吗?

答案是予以肯定的。经过李鸿章和刘盛藻、刘盛休等斡旋，公元1874年6月，清廷"特旨，已革提督刘铭传著赏还原官"。虽然恢复了官职，刘铭传却长时期不受清廷起用，3个月的假期变为13年的赋闲，即从一个35岁的青年变成了一个48岁的中年壮汉。于是，他利用这

西式武器装备的太平军

十几年赋闲生涯，开始读书和游历。公元1883年，在听到一个名叫李经方的人在芜湖大展宏图的消息后，刘铭传来到了这座江南名城。

李经方何许人也？李经方公元1855年生人，字伯行，号端甫，是李鸿章六弟李昭庆的长子，过继给李鸿章作为长子后，42岁的李鸿章竟连续添了两个儿子经述和经迈，所以很得李鸿章的喜爱。年幼时，他就被送往欧洲游历，归国后不仅精通5国语言，而且写得一手极酷的隶书和行草，加上长得人高马大、相貌堂堂，颇有抱负，算是李鸿章诸子中最有出息的一个。但他的口碑很差，单就讨了四五个外国女人作为小老婆一事，就为人不足齿数。但刘铭传和袁世凯等二三人却与他亲近，据刘体智的《异辞录》一书记载：其中刘铭传"始终敬礼之"。有人会问，其原因何在？

原来行伍出身的刘铭传十分尊重好学的人。一次，刘氏在南京到李府去拜访。归国后的李经方正在家温习功课，准备参加金陵秋试。刘铭传见门里无人，就直接穿堂入室进了书房，只见李经方正专心致志地读书，竟没有发现有人进来。刘氏远远看去，见主人嘴角一团乌黑，走近一瞧，原来书桌上放着一盘粽子，一匙砂糖和一方墨盂。李经方目不离书，手取粽子"蘸糖食之，误蘸于盂，墨汁淋漓于口角。"此情此景，令刘氏十分感

动。事后，他曾多次对人说："于此足征其好学。"从此就和李经方结下了深厚的友谊。

当然，刘铭传与李经方十分友好，也与李经方的老子李鸿章分不开。李鸿章在刘铭传的官宦生涯中，除了不断提携和照拂他外，还曾从曾国藩手中救过他一命。人们不禁要问，这究竟是怎么回事？

原来，刘铭传的性格桀骜不驯，伉直爽朗。在公元1862年动身前往上海平定太平军之前，李鸿章带着淮军中张树声、吴长庆、潘鼎新、周盛波和刘铭传几个合肥将领去安庆拜谒大帅曾国藩。曾府气派宏大、森严壁垒，在管家的引导下，他们通过五道门岗才到达客厅。而每道门岗上都有十来名持戈将士横眉怒目，吆五喝六地站在那里。

从乡下来的张、吴、潘、周在这种逼人的气势下诚惶诚恐。唯独刘铭传心有不满。到客厅坐下后，将近半个时辰，还未见曾国藩出来。刘铭传终于按捺不住，当着众人的面发作起来："烽火期间如此静候，岂不延误军机？对部下如此怠慢，岂不令人心冷？周公一沐三握发，一饭三吐哺，以待天下贤士，而曾帅的架子摆得太大！"还未等李鸿章"放肆"声止音，就听到管家高喊"大帅到"。曾国藩从屏风后面杀气腾腾、怒气冲天地走了出来。李鸿章连忙叫几个人站立起来，接受曾帅的接见。

曾帅用冷眼一一地打量着他们，不发一言，然后点点头，挥挥手，叫他们开路，只单独留下李鸿章一人。就在留下李氏的谈话中，曾国藩对刘铭传动了杀机。有人会问，这其中的内情如何？

原来，曾国藩一向把自己看作是风鉴人物，看作是伯乐，常说：有大气魄的人不生闲气，有大眼光的人不会迷眼，有大能耐的人不逞小能。他很高兴看看他的门生李鸿章所用的几个合肥将领究竟是些什么人物，就故意叫他们等候，自己躲在屏风后观察了半天。之后，他对李鸿章说："这些人都不差，将来都有成就的。其中那个麻皮青年刘铭传的成就会更大。如果用得顺手的话，将来能给你鼎力相助。"

太平军

　　李鸿章忙问："何以见得？"曾国藩道出了原因："各人在见我出来时都改容屏息肃立，只有刘铭传不一样。他额广面长，钟声铁面，颊有麻斑，有雄侠威凌之气，在等候时出言不逊，见我走过，又昂然而立，眉宇间仍有不平之色。此人胆量和才气都远在诸人之上。不过，如不能用，便立马杀了他，以绝后患。"李鸿章连忙为刘铭传说了好话，并特别强调他忠于朝廷，足智多谋，骁勇善战，是个可用之才，这才收住了曾国藩的杀心。事后很久，刘铭传知悉内幕，对李鸿章特别感谢，当然对他的儿子李经方也就会另眼相看了。

　　公元1876年，芜湖辟为通商口岸，不久，镇江七浩口的米市又迁到芜湖。颇有经济头脑的李经方由于没有承袭到李鸿章的侯爵封号，也始终没有考中进士，就决定率李府的一干人马到芜湖来大展宏图。他们干了些什么呢？

　　李经方等人从投资房地产着手，先后设立了潄兰堂、蔼吉堂、志勤堂、固本堂、通德堂等，开发了西花园、大花园、大官山、景春花园、长春花园、柳春园、藕香居、烟雨墩和二街、三街、吉和街、渡春路、沿河街、集益里和后来定名为中山路、新芜路等成片成片的商业街和住宅房。他本人在昔日的芜湖六中校址处建立起李府，人称钦差府或相府；还在烟雨墩上建立起豪华的公馆。公元1883年秋，他致信刘铭传，请他到芜湖游历一番。刘铭传来了吗？

赋闲在家的刘铭传来了，而且一住就是5个月，住处就是江边的相府和烟雨墩上的公馆。

生性豪饮的刘铭传在芜湖免不了要经常参加李经方等人为他举行的宴会。在宴会上他结交了颇多的洋务派和维新派人士。这些人对刘铭传礼贤下士和思想新锐印象特别深刻。

一次，有一个湖北籍童生名叫石超的不满18岁青年，在宴会厅外递上一张帖子。管家问他找谁，他说就找坐在上座的刘铭传。管家问他和爵帅是何种关系，小石超说你就报告我石某人以兄弟的名分见刘铭传。管家

芜湖滨江公园

摇了摇头，认为这个小青年头太老，气太扬，但还是报告去了。因为刘铭传平时打招呼，对任何文人名士都不得无礼。果然，刘铭传说"请"。

管家引来了石超。石超长揖后就坐到上座上，满屋人十分惊诧。刘铭传是奇帅遇奇才，就笑着说：不知你学问如何，先出一对子让你对，听好，上联是："持三寸帖见一等男童生大胆称兄弟。"小石超不慌不忙，对出了下联："手八行书行万里路布衣长揖傲王侯。"刘铭传大喜，当即延为上客。曾任上海轮船招商局会办，也就是副局长的徐润也对刘铭传在芜湖所作的一件事刻骨铭心。这是件什么事呢？

有必要先介绍一下徐润。徐润字润立，号雨之，别号愚斋，广东中山人。14岁到上海英商宝顺洋行当学徒，后为副买办。公元1868年30岁时，自开宝源祥茶栈，并在各地设立分号，生意做得很大，公元1873年被李鸿章委派为轮船招商局会办。这期间，他与唐廷枢等创办了仁和水险公司、济和水火险公司，开创了中国人办保险事业的先例。

不久，徐润被委派兼任开平矿务局会办。这位洋务能力很强的人，投资近代工矿交通企业可说是百投百中。但天有不测，人有失手。公元1883年，就在刘铭传到芜湖小住时刻，徐润在上海投资房地产一下子亏折了80万两白银，陷入债台高筑、穷困潦倒的地步。

公元1884年1月20日，正是光绪八年十二月廿三日即民间所说的腊月送灶日，焦头烂额的徐润在家听说刘铭传派来几个差官来见他。徐润问他们有何事，差官们掏出行囊中一百个元宝放在桌上，说："爵帅现在芜湖小留，吩咐小人们来见徐大人，送上一百只元宝。劝勿灰心，可认真做事，发达后再还爵帅。"徐润为此感慨万千，因为在匮乏难堪之际，送来一百只元宝，犹如大旱降霖，雪中送炭。他感激涕零，特在自撰的《徐愚斋自叙年谱》中详细记载此事。由于这层关系，在日后刘铭传担任台湾巡抚时，函招他收拾基隆煤矿，徐润欣然奔赴。更有一件事，使刘铭传在芜湖留下了不朽的名声。

芜湖长江大桥

这是什么事呢？

公元1884年4月，刘铭传向李经方提出由他来宴请聚集在芜湖的一批文人名士，算是告别宴会。就是在这次宴席上，喝得酒意微醺的刘铭传突然拍案而起，吐出他内心的真言："公等识之，中国不变西法，罢科举，火六部例案，速开西校，译西书，以厉人才，不出十年，事且不可为矣！"当时正是中兴乐曲高奏之际，许多人醉生梦死，听他这一番政治体制改革的言论，诸文人名士除伸出舌头吃惊外，还为这个行伍出身的武人能有如此深邃和先进的思想而感到由衷地佩服。

当年4月，刘铭传到杭州，6月，奉诏到京，被"赏加巡抚衔督办台湾事务"，领导台湾军民胜利地抗击了法国侵略者。公元1885年10月12日，台湾建省，刘铭传成为台湾首任巡抚。芜湖可以说是他赴台前在安徽最后羁留的一个地方。

芜湖风景

刘铭传的入仕

  刘铭传是特定历史时期——19世纪中期战乱之际，通过非常规仕途进入上层政权的极具代表性的地方精英。从刘铭传的"入仕"，可透视晚清基层社会与上层政权发生的深刻变化；晚清统治危机的特殊性；中国传统社会发展趋势的深层基础等。

  19世纪中期地方精英入仕的典型途径有三种：一为传统的科举入仕，如胡林翼；一为先科举入仕，因种种原因开缺回籍，通过办团练再度入仕，如曾国藩；一为特殊的办团入仕，如刘铭传。

  是时代给予了刘铭传以特殊途径"入仕"的机会。这时代，便是19世纪中期太平天国运动、捻军运动时的乱世。战乱之初，安徽原有上层统治结构中的各地方政权、绿营军经历了3次大的冲击。第一次是咸丰三年（1853）年正月太平天国全军50万众舳舻万艘自武汉压江东下、奠都天京途中的首战皖江（安徽沿江各地）；第二次是四月太平天国林凤翔、李开芳率领的北伐军北上途中对皖北的攻城略地；第三次是与之同时太平天国石达开率领的西征军建立安徽根据地，对皖中皖南各府州县的攻伐。总的来看，安徽各地方政权、绿营军不堪一击。太平军"所过郡县本无所谓守，亦无所谓陷"，官军"望风奔溃，一切财物粮米全以资贼"，地方政权全部坍塌，过后近一个月，府州县城仍为空城。"省会以及沿江各州县""俱无官长"，地方之事"无官料理"。咸丰帝恨道："贼到兵溃，委城于贼，深堪痛恨！"太平军未及之

清末年画《曾国藩庆贺太平宴》，正中榻上坐着李鸿章（左）和曾国藩（右），左边从左至右依次为左宗棠、骆秉章，右边坐着彭玉麟、曾国荃等。

处，也受到巨大的震动而四境大乱，"奸民蜂起，百十成群"。清廷已经没有彻底解除困境的能力。具体到合肥，知县吴某开狱放囚，"赏给钱文，以为盘费"；"族有富豪者，其贫苦者皆聚而食诸其家，或勾结土匪为之内应"；土匪夏金堂聚众起事；谢四老虎"招纳亡命，联络十余村庄"，"建旗称顺天王，刻期攻城"。刘铭传在家乡"刃豪揭竿"的轶事，正发生在这样的背景之下。

咸丰四年（1854），刘铭传乡里土豪以保卫地方为名派丁摊费，刘铭传伯父因拿不出钱遭到凌辱，恰18岁的刘铭传归来，愤而追出数里与之理论，夺刀将其劈杀，随后揭竿而起，筑堡扎寨。六年（1856）江淮大旱，颗粒无收，饿殍载道，出现了人吃人的惨剧。有金桥集富户屯粮不卖，激起众怒，粮被哄抢。官府追查时，富户指称是刘铭传为首。七月二十一日，官府派人到刘家追捕，向刘母"索资不得"，放火烧毁刘家房屋，刘母受惊吓而死。刘铭传自此在刘氏宗族的拥护下，于大潜山北建立旱圩，训练团练，守土保间。当地杨姓、郭姓等族多次想除掉刘铭传，郭姓郭鲁黄兄弟甚至设伏用土炮轰击，均未得逞，最终只得向刘铭传俯首称臣，供粮供钱，"不少吝惜，和好如初"，后刘郭两姓还世代联姻。刘铭传约法三章：一不准无故杀人放火；二不准抢劫掳掠；三不准奸淫妇女。得到了乡亲们的拥护。当时肥西"豪

杰蜂起,数十里间往往堡寨棋置",各寨之间为争夺地盘、筹粮筹款,经常相互攻伐。一次别堡来攻,刘铭传弹药将尽,刘铭传妻程氏亲自造运弹药,仍不够,有族中老妪将家里窖藏的几十罐弹药捐献出来,"堡遂不动",肥西各堡"莫不怖公"。

刘铭传"刃豪揭竿"事件的背后,是晚清统治危机的特定背景下,基层社会政治权利的重新分配与整合。从事前"土豪""以保卫地方为名派丁摊费";事后官府在"土豪"指证下追捕刘铭传、焚其家屋;杨、郭等姓宗族欲攻杀刘铭传等情形,可以得知,刘铭传家乡肥西基层社会原来的统治秩序,是官府依靠他姓大族亦即所谓"土豪"维持的,而这种统治秩序通常表现为以士绅为代表的宗族、乡族组织与保甲组织的交错。基层社会进行相同经济活动,彼此没有多少相互依赖的农民家庭、

台北故宫博物院

家族，依靠共同的公共事业活动、共同的文化和所服从的共同的权力机关联系在一起，在造反、抗官的特定社会背景下，各家庭、宗族"所依靠的共同的公共事业活动"，首先变成了自卫、自保的军事活动。于是刘铭传这样的"白丁"，凭着武力、勇悍脱颖而出，切断了基层社会各组织与官府原来的有机联系，将各家庭宗族组织整合在自己麾下，在当地基层社会建立了新的乡族统治秩序。

应该指出，刘铭传一旦站在当地基层社会统治的高端，他便不再是孤立的个人，而是受到各姓各族、特别是刘氏宗族支持的基层社会实体组织的代表。刘铭传刘氏宗族原居江西进贤县紫溪村，元明之际，始迁祖刘赛为避陈友谅战乱，迁徙到合肥，卜居肥西大潜山下大烟墩，到刘铭传已历400年，传19世（刘铭传为14世）。刘氏宗族在始迁祖刘赛时非常富有，后人叙称其"田园甲一乡"，"富而有礼"；"言孝言慈，言忠言信，不讦人私，不称人恶……常以奢侈淫逸为戒"；"富而能散"；"恤人之困，悯人之穷，鳏寡孤独、疲癃残疾待举火者不下数十余户，有无相通，缓急相贷，亲故朋侪乡里族党，贫不能偿者，悉焚其券"。且有势力，迁至肥西大潜山以后，在"大烟墩北筑墙以为卫"，号为"刘氏院墙"，俨然为当地基层社会执牛耳者。数百年沧桑，刘氏人丁繁衍，散居于大潜山周围，从第四代起，分老长房、老二房两个支派（刘铭传及后来的"铭军"人物多属老二房）。老长房居山前（山南），又分8房；老二房居山后（山北），又分7房。然总体上逐渐财衰势微——虽耕读传世，据族谱《绅衿总记》所载，有明一代却只出了3个庠生、1个乡饮宾，入清以后才出了一些生员、监生，而最高功名只1名举人，是当地一支默默无闻的普通宗族。刘铭传前代世系如下：

刘赛→？→刘五（乳名）→刘道真→刘宽→刘德辉→刘俞→刘三朝→刘应扬→刘维月→刘琦→刘庭忠→刘惠→刘铭传。

刘铭传的父亲刘惠（1790—1847）字怀刚，家有薄田数十亩。这只能是从祖上继承下来的家当，虽因代代分析，已同始迁祖时有天壤之别，但也不像人们印象中的那样属于"贫农"。

刘铭传家乡属皖中江淮地区的巢湖盆地为长江冲积平原，海拔7—20米，河流湖泊密布，为鱼米之乡。卜凯在《中国的土地利用》中指出，横贯皖中六安、合肥、全椒的北纬32度线，是中国物候的一条分界线，以南是水稻种植区；以北到淮河、也就是皖中的江淮地区，是稻麦混合种植区；淮河以北的皖北则主要是小麦种植区。事实上，江淮地区在西汉之前比较落后。《史记》记载其地野兽出没，地广人稀，刀耕火种，庐江郡农民不知牛耕。秦汉战乱之际，原来先进的皖北人民自发向江淮地区移民；秦汉征伐东南后，为宜于统治，采取"弃地移民"政策，强制将大批粤人内迁，华北平原容纳不下，即安置在皖中江淮，有组织地将浙江东瓯人、东越人等移置江淮，并派遣官员护送黄河流域水灾灾民往江淮"就食"；两汉时皖北人民饱受战乱的蹂躏，再次大量移民皖中。皖中经济因大量生产人手和先进农业生产技术的涌入而发展起来，东汉后成为国家粮仓之一；唐末朝廷租赋十有八九仰赖江淮，所谓"天下以江淮为国命"。但当时庐江县农民只知"平畴种稻，高阜皆为弃壤"。清

台北故宫博物院

雍正年间，江淮开始重视稻麦轮种、旱地种麦。有庐江知县陈庆门自买牛具，仿北方之法，教农民垦种旱粮。乾隆年间，两江总督郝玉麟、安徽巡抚陈大受自购种籽在安徽推广了适于丘陵地带种植的高产作物——"畲粟"（玉米）。接着，乾隆嘉庆年间，另一种高产作物蕃薯在皖中得到了推广。

具体记载刘铭传家乡地亩收入的史料很难见到，在此可参照条件还要差一些的皖北凤台县的情况。《凤台县志·食货志》记载，当地主要种植的农作物是黍麦菽荞菜稻。两岁三收有黍麦菽套作：二月种黍，七月收，九月种麦，四月收，五月种菽，九月收；有一岁再收：一季麦，一季稻或菽、瓜、荞，如间种荞麦，可一岁三收。好年成黍麦可收2石，稻谷可收四五石。嘉庆时凤台人均可得16亩，家有3丁，48亩，按皖北普遍种植的黍麦计算（不计稻麦轮作及间作的瓜、菜，更不计高产作物玉米、番薯的选种），亩产2石，48亩所收为96石，还不算间种套种、两岁三收、一岁再收的菽荞菜稻。如家有8口，每人每天食粮1升，那么每年消耗仅为28.8石，剩余60多石，可交纳地丁田赋；作为土肥灌溉工本；用于购买生产生活资料以及住居、娱乐、祭祀、婚嫁丧葬等方面的支出，再"以余力治塘堰、穿窦窖，为水旱之备"，"塘可以鱼，堰可以树"，足可以"悠游乡里"，养子育孙，成为安乐富足的小康之家。

可知，在条件好得多的江淮巢湖盆地，拥有几十亩地的刘铭传家，生活应该没有问题，刘惠且有条件生养6个儿子。即刘铭传曾为盐枭贩私盐，也不足以证明他家贫穷。当时两淮官盐的经营积弊越来越严重，质次价高，盐引滞销，给私盐提供了行销赢利的空间。贩私盐从根本上说，是产业和投资的一种选择，并不是穷人的专利，只是因有犯法获罪的危险，需要斗狠勇悍。另一些没有本钱的无业光棍，实在活不下去，参与其中卖命赌命。刘铭传不是这种情况。

沁亲王率领黄旗军进剿捻军

刘惠妻周氏，6个儿子依次为刘铭翠、刘铭玉、刘铭盘（早夭）、刘铭鼎、刘铭彝、刘铭传。刘铭传11岁时，父亲刘惠、长兄刘铭翠先后病故，从此家道中落。母亲周氏勉力支撑，在小儿子刘铭传17岁时为他完婚，算是完成了旧有家庭的最后一件大事。按中国传统社会家庭发展周期，接下来便面临分家。几十亩地诸子均分，可以设想刘铭传小家庭的发展趋势。然而，在特定的时代背景下，刘铭传"刃豪揭竿"，改变了这种趋势。不但如此，刘铭传崛起最终引发了大潜山基层社会权力和财产的再分配。刘氏宗族山后老二房，特别是刘铭传、刘盛藻所在的老二房下七房中的四房、五房子弟后来纷纷登上仕途，据族谱《绅衿总记》及《世系》所载，老二房武官参将以上文官知县以上的共52人。刘铭传广置田产、商铺，刘氏田连阡陌，从合肥西门到刘老圩，有"骑马不踏外姓路，马饥不吃外田草"之说，六安、苏家埠、独山、麻埠都有上千亩土地，其中麻埠南北十几里、东西几个山头都属刘姓，刘氏在六安、苏家埠、麻埠有"百里三当"之说，并设有商行、茶庄，在合肥及沿江各城市，刘氏也开有行、庄经商。

像刘铭传这样的情况绝无仅有，比如同样是白丁的淮军将领周盛波、周盛传。周家始迁祖周福德于元末明初从江西迁徙而来，世居紫蓬山下。周盛波、周盛传是

15世，原居肥西大柏店乡枣林岗附近的周老家，也是几十亩地，兄弟6人——依次为周盛余、周盛选、周盛华、周盛波、周盛传、周盛春。19世纪中期乱世中，当地胡姓围攻周家，企图灭门夺产。周氏兄弟被迫逃回老家紫蓬山。紫蓬山周氏族长周方策富有却胆小，动员并资助已无产业的周氏兄弟办团练保卫本族。周氏兄弟首先将本族子弟收于自己麾下，而后四处攻杀他族首领，在当地建立了以周族为首的新的统治秩序。这一过程是血腥的，周氏兄弟遭到"罗坝圩破家"的惨祸，原团首周盛华战死。周盛波、周盛传兄弟继续办团，并因之入仕。紫蓬山基层社会统治最终完成了以周氏宗族为首的整合，财产和权利也随之完成了再分配的过程。周盛波、周盛传兄弟后来的"盛字军"（后又扩建"传字营"），成为淮军最大的军系之一；周族子弟参将以上的达21人；慈禧曾赐周家"五世同堂"匾额。周氏家产数百万，有周老圩子等8个庄园，45.5万亩土地，主要分布在永安集、烧脉岗、五十里小庙、焦婆店、南三十岗、高刘集、丰乐河、三河、新仓、上派河、花岗、董岗等十多处和庐江、宿迁、舒城桃溪镇、芜湖、苏州、常州、天津等地；在合肥、庐江、天津等地设有钱庄，在周老圩、丰乐河、三河、吴山庙、上派河、庐江大黎山及金牛、合肥西门、舒城桃溪、南京、芜湖、苏州、上海、山东峄县、天津、

江苏宿迁、海州等地设有当铺等。

　　19世纪中期的乱世中重新整合后的基层社会各组织，显著特点是在一段时间脱离开原有上层政权的控制，其中有被动的——官府没有能力平息战乱，只能起而自卫；也有主动的，像刘铭传一类白丁，本就与上层政权没有关系。于是有传说，肥西刘、张、周、唐各寨曾一度准备投向太平天国，在独座山马跑寺歃血为盟时大风吹断了旗杆，刘铭传族侄、塾师、刘族团练的核心人物，刘盛藻说这是天象示警，投向太平天国大逆不道；此时又传来天京事变杨韦内讧的消息，各姓各寨于是打消了原来的念头。然刘铭传因焚家丧母之仇与官府对立的态度要更坚定一些。咸丰八年（1858），太平军攻克庐州，合肥知县英翰弃城逃到刘铭传圩寨之前，刘铭传闭门不纳。英翰告刘铭传反，六安知州邹笪派兵将刘铭传逮捕，刘铭传经营数年的团练圩寨毁于一旦。但邹笪见刘铭传是个人才，没有杀他，勉励他继续练团，"保境安民"。刘铭传接受六安州官邹笪劝告，回乡后重整旗鼓，改听官府调遣，对抗太平军，曾随清军攻六安，援寿州，被授千总、都司衔，同治元年（1862），李鸿章募淮军援江苏，率练勇至上海，号"铭字营"，在南汇招降太平军吴建瀛、刘玉林等众4 000人，与太平军在上海外围屡战，升副将，次年进攻苏南常熟、江阴、无锡等地，擢总兵，

以提督记名，加头品顶戴，三年（1854）下常州，补授直隶提督。

　　这是刘铭传所代表的基层社会精英集团在乱世中的抉择。此时基层社会精英集团因白丁刘铭传辈的加入，似已不是在基层社会及上层政权之间上下勾连的纯粹的士绅集团。然耕读之家的传统，族塾的教育，以及左右如刘盛藻那样的生员——士绅的影响，最终使刘铭传辈中的多数仍然抉择站在官府一边，团练乡勇，巡逻剿匪，保卫地方，劝输捐饷，助攻助防，率勇出战，只是同上层政权的关系发生了深刻的变化。

　　相当多基层社会组织的势力超越了上层政权的地方军政。如与刘铭传家乡同为皖中地区的六安。咸丰四年

李鸿章故居内景

（1864），太平军打到六安，"守土者束手无策"，六安营参将庆龄、守备王连升、把总陈法魁等"弃城而走"，知州宋培之降。六安绅民起而团练，先有西乡九保"星夜集勇"，拼死攻城，死600余名；后又在练总、举人李元华率领下，"不费公家一兵一饷"，克复了州城。与之同时，六安绅士势力陡增，除"请即立予恩施并酌免粮赋，酌加学额"外，练总曹远荣等传集各保董，按"各保之肥瘠大小"，分别派勇出资，组成了一万数千人的武装，即有名的"曹勇"。再如皖中地区的桐城，太平军攻破武汉，署桐城知县宋某常住离县百里外的枞阳，"事不与闻，资不取给"，桐人"狃于积习，骎骎越俎"，募勇建局，以"局政"取代了"县政"：除了防卫——筑城堤、募勇练勇、剿匪、夜巡、出征外，还统管县中的一切事务，包括赈济——假于官仓给贫人米，接待过往军队及溃兵——劝铺户卖饭以食溃兵，征收捐税——议定捐输章程、派捐摧捐、照旧放征丁漕等，甚至把持了司法词讼——局绅揽讼，讼必勒罚，与官争利，判决一如在官，民震局威，讼者不至官而至局。桐城基层社会实体组织各绅权势更盖过于官。署知县宋某平时将家眷寄藏绅宅，出见兵将，需派人赴局借乡勇，由绅士陪同前往。局总各绅"出入衙门如至私室"，出征大事，局中自定，并不告官，知县夜巡，见门勇不在，要杖队长，队长竟辩争说他未吃官食，绅管得官管不得。这种情况不在少数，如"周光岳在北乡办团，缉拿土匪每不送州，擅自杀死"。如亳州团练首领孙五雷、李桢等"甚有权"，"东门常闭，有仇者引至东门关拼杀之，无地方报官，报亦不问"。即大名鼎鼎、被普遍视为团绅榜样的同知衔举人臧纡青（其在安徽率勇征战，屡次受到朝廷褒奖，最终于庐州被太平军阵毙），亦被依其以臂膀的皖北大员袁甲三指称为："难以驾驭"。

相当多的基层社会组织两面逢迎。咸丰三年（1853）底，庐州将破，安徽巡抚江忠源穷途末路，欲诸团练相助，徐子苓告他诸团练"各人自扫门前雪，不管他人瓦

上霜"的实情，称学生郡人以乱避乡练团，各团只可靖小盗，皆无足挡巨寇。皖北顺河集所谓"五里三潘，行事过天"的10多个潘氏圩寨，名为"官寨"（当地将捻军以外的圩寨统称"官寨"），实为7分官3分捻。寨中一门名"十里近"的大炮是捻军蓝旗旗主韩老万送的，韩老万出征时甚至将家眷送到潘氏圩寨中以求保护。江集练总江福志管的6个江氏圩寨"捻子一外出，练总地保该咋办还咋办，捻子一回来家，就按捻子说的办了"。凤台北境苗家寨练总苗沛霖，更在助官剿捻的过程中膨胀了自己的势力，在地方设立公寓（公局），"生杀专擅"，私设厘卡，勒饷派捐，连圩数千，众数十万，拒不

奉调，把持官府，时降时叛，地方官的作用只是看守印玺而已。时人朱孙诒《团练说》指出：基层社会组织及代表借团练科敛钱谷者，自不必说，"有名为团总而通贼者，不惟乡间仰其鼻息以图保身家，即地方官亦听其指挥以苟全性命"。还有的借充团总而大获重利。始则劝谕捐输，"以饵地方官"，其后便挟制地方官，鱼肉乡民。甚至自相雄长，生事忿争。咸丰帝亦称：团练抗官滋事有尾大不掉之势，"团练多为伏莽之薮，兵至则为团，兵去则为贼……时堪痛恨！"

基层社会统治的整合与变化，势必引导政权结构、统治格局发生调整和变化——或者后退到原有的双重统治结构及格局，或者在原有基础上产生新的政权及统治模式。

中国传统社会原本是在"家"与"国"的相互依赖、相互斗争及利益调整下波浪式前进。唐中期以后，领主经济基本退出了历史舞台，地主经济在较为彻底的意义上成为传统社会经济总合中占统治地位的经济。至此，"国"，逐渐放弃了与"家"对土地和人口的争夺，转而依靠"家"实现对基层社会的统治，从以法家"治理模式"为主，到以儒家"控制模式"为主。其标志至少可以举出：经济上均田制与大地主庄园制的终结及两税法、一条鞭法、摊丁入地的实施；政治上，九品中正制的废止及科举制的实行。科举制开辟了基层社会知识分子通过科举考试入仕、跻身于上层政权机构或国家官僚机构的道路。由于儒学化的考试内容和取士标准，执著于科考做官漫长旅途的知识分子，其思想信仰从根本上与国家保持高度的统一，终被培育成进则为官、退则为绅，无论居庙堂之高还是处江湖之远，都在统一思想信仰指导下发挥作用的士绅阶层。士绅阶层在上层政权与基层社会双重统治格局中起上下连接作用，且具有双重身份。在基层社会民众眼中，作为在职非在职官员，作为有功名和有特殊身份的人，他们代表的是国家（包括占统治地位的意识形态）；在上层政权统治者眼中，作为家族宗族乡族组织的领袖，作为自保自治、公益事业倡导者和兴办者，至少作为因普及儒学教育或识文断字而在基层享有威望者，他们代表的是地方。这就是所谓的中国传统社会的"地方精英"。

有学者以为，"晚清以来，在国家与市民社会之间的沟通领域或交涉领域中，原来稳定的、控制局面的、平衡国家与社会的同质的绅士阶层让位于相互冲突的、缺乏共同信念的、破坏国家与社会原有关系的异质的'地方精英'"。这里的"地方精英"，特指包括传统绅士、绅商、商人、军事家、教育家和土匪首领等在内的各种所谓"职能性精英"。白丁兼盐枭刘铭传得以跻身其中。

"地方精英"是一个历史的范畴。19世纪中晚期的"地方精英"可能不仅仅属于士绅阶层，19世纪中晚期士绅阶层的人却一定是"地方精英"；19世纪中晚期的"地方精英"可能不再是同质的绅士阶层，可能会相互冲突，但多数——如入仕后的刘铭传——并非缺乏共同信念，并非破坏国家与社会原有关系的异质分子。

晚清上层政权统治危机的特殊性，在于客观存在着满汉民族矛盾，这使传统社会各种矛盾更加错综复杂。在内乱外患的形势下，清廷不具备彻底解除困境的能力，不得不依赖汉族士绅，却又从骨子里始终不信任汉族士绅，缺乏安全感，直至对原来以满族贵族为主、满汉共治体制统治全国的政治基础丧失信心——这不仅在于汉

李鸿章出访漫画

人在长江流域建立了与之对峙、割据、分庭抗礼10余年之久的太平天国政权，而且在于在清廷拼死自保的挣扎中，军事权力前所未有地落到了南方汉族士绅手中。汉族士绅则缺乏彻底解决问题（比如索性推翻清朝，取而代之）的政治上和道义上的勇气，但又不能不对清廷缺乏忠诚。双方小心维持建立在政治权术上的微妙关系，在互不信任的背景下合作平定内乱——清廷最终依靠由汉族地方精英募练指挥、从基层社会武装脱胎而出、以湘淮军为代表的新军——勇营镇压了太平天国和捻军，平息了战乱，重建了统治秩序。清廷在南方的统治地位得以全面恢复，汉族地方精英领导的新军以"勇营留防"的形式留驻上层政权，实际充当了国防军主力的角色（尽管清廷始终不承认其为国家经制军队），汉族地方精英则通过特殊途径，进入上层政权，获取了从中央到地方前所未有的权势地位。脆弱的以满族贵族为主的满汉共治体制、勉强维持的上层政权结构由此发生了裂变。

这是一个充满了矛盾与斗争的复杂的长过程。对清廷而言，依靠汉族地方精英结团自保、练勇出队、集队成军，以牺牲基层社会的低度军事化，听任其在汉族地方精英主宰下向高度军事化演变为代价"防剿"太平军、捻军，无异于饮鸩止渴。这是清廷不愿意接受又不能不接受的现实。汉族地方精英的境遇可想而知。刘铭传实现了他年少时追逐功名的志向，却在诗中屡屡感言："三十人为一品官，多少憎忌少人欢"；"为嫌仕宦无肝胆，不惯逢迎受折磨"；"莫如归去好，诗酒任疏狂"，不能不说是这种境遇的反映。然在大背景下，这是十分普通的。刘铭传在湘淮军创始者曾国藩、李鸿章已获实职的情况下入仕，较之曾李，情况已经好得多了。

曾国藩于咸丰二年（1852）奉旨办理团练，所练湘军转战江南，苦斗硬撑，成为清廷唯一可以依靠抵抗太平军的军事力量。而整整8年，清廷没有授其军政实职。其间，咸丰四年（1854）湘军攻破太平军重镇武昌，咸丰帝"不意曾国藩一书生，乃能建此奇功"而大喜过望，已下令任命曾国藩为署理湖北巡抚，然首席军机大臣祁寯藻进言"曾国藩以侍郎在籍，犹匹夫耳。匹夫居闾里，一呼崛起，从之者万余人，恐非国家之福"。提醒了咸丰帝：曾国藩虽曾高居二品侍郎之位，但既在籍即是居闾里的匹夫，即是统带私军的地方精英身份。曾国藩谦辞的奏疏还未到京，咸丰帝已改变了主意，降旨曾国藩毋庸署理湖北巡抚，仅赏给一个兵部侍郎虚衔。曾国藩"素位而行"，"武不能补千把外委之实，文不能辖府厅州县之官"，"无土无财，无位无民，凡有筹饷之方，动多掣肘之虑"，后来他在写给其弟的信中说，"余前在江西，所以郁郁不得意者：第一不能干预民事，有剥民之权，无泽民之位，满腹诚心，无处施展；第二不能接见官员，凡省中文武官僚，晋接有稽，语言有察；第三不能联络绅士，凡绅士与我营款惬，则或因吃醋而获咎（万簴轩是也）。坐是数者，方寸郁郁，无以自伸"。咸丰六年（1856）二月，曾国藩因丁父忧再次回籍，三个月假满时，以不返大营、在籍终制相要挟，公然要官，称："非位任巡抚、有察吏治权者，决不能以治军。"疑忌已深的咸丰帝顺水推舟，照准守制，将其晾了一年有余。咸丰九年（1859），曾国藩弟曾国华命丧三河之役。翌年，清廷以道员例优恤。因曾国华过继其叔父，赏其叔父从二品封典。对此，曾国藩不无失落——他过去任从二品、正二品京官时，其叔父已因之受过从一品、正一品两次

曾国藩像

封典（清例：京官祖、父辈貤封提高一品）。曾国藩只能自我解嘲道："受侄之封与受子之封，覃恩普遍之封与逾旨特颁之封，究有不同"，"叔父先受侄封，后受子封，二者并行不悖"。咸丰十年

（1860）江南大营再度溃败，咸丰帝无计可施，仍不甘心将督抚实权交给曾国藩，先命荆州将军都兴阿督办江苏江北军务，广西提督张玉良署理钦差大臣，江宁副都统魁玉署理江宁将军，后实是万般无奈，方下令给予曾国藩兵部尚书衔，署两江总督，典兵之权尚且不给。直到太平军占领余杭，才最终实授曾国藩两江总督并以钦差大臣督办江南军务。李鸿章咸丰三年（1853）奉旨办团5年，战功累累，只得记名道员加按察使虚衔，后入曾国藩营当幕僚，十一年（1861）奉两江总督曾国藩命回籍招募"树字营"（张树声）、"铭字营"（刘铭传）、"鼎字营"（潘鼎新）、"庆字营"（吴长庆）4营，加曾国藩调拨湘军10营，于同治元年（1862）组建淮军，东援江苏，方才得授署江苏巡抚，半年后实授，次年二月兼署通商大臣，从此进登晚清政治舞台。

刘铭传则在组建淮军后短短的3年中，即因战功从副将、总兵、实授直隶提督，赏穿黄马褂，走上仕途。实缺的直隶提督与基本永远补不上缺的记名官职全然不同，是实实在在的一品大员。然一则经过平定太平天国、捻军，不被承认为国家经制军的湘淮军中武职冗滥，据说两江总督衙门中的差弁都是有总兵提督衔、赏穿黄马褂的一二品武职；一则提督已是武职的最高级别，再没有发展的可能，刘铭传总有些窝心和尴尬，他在诗中写

道："官场贱武夫，公事多掣肘"；"琼林宴上君先到，塞上风光我独知"等。刘铭传以"白丁"进入地方精英集团，又以特殊途径走上仕途，与地方精英集团中的士绅有所不同。刘铭传仕途上的风波和进退，毋宁说反映了汉族地方精英内部的矛盾。而这一矛盾，又被笼罩在清廷与汉族地方精英的矛盾之下。

刘铭传仕宦一生，曾经5次还乡，5次进退。

刘铭传加入淮军后第一次还乡，是在同治三年（1864）岁末。

同治三年（1864）上半年，淮军打下苏常二府，因李鸿章欲把攻克天京的首功让给湘军曾国藩兄弟，淮军暂屯兵不动。六月，太平天国天京陷落。七月，刘铭传奉命追击太平军余部，下湖州，占驻皖东广德、建平（郎溪）一带。这时清廷补授刘铭传为直隶提督，"铭字"营也已发展为左中右3军18营、七八千人的"铭军"。而随之捻军问题突出出来。十月，清廷命曾国藩驰赴皖鄂交界，督军剿捻。曾国藩与李鸿章面商，调淮军刘铭传、李鹤章、周盛波等随行。十一月十二日，刘铭传奉命率队渡江赴皖西六安、霍山等处防剿。其间，北方剿捻主帅僧格林沁的蒙古马队于襄阳、邓州两次大败于捻军，清廷谕令曾国藩速派刘铭传等增援，赴河南归僧格林沁调遣。曾国藩说现成话——称湘军不惯面食、不善驰骋，于剿捻难期得力，淮勇人地相宜，足以致其死命，当年招募淮勇即以剿捻相期，此次谕饬刘铭传等赴豫，李鸿章亦认为"义无可辞"云云。李鸿章强调客观原因——称因雨雪阻滞，刘铭传行将一月才到六安，因内河水涸，洋枪大炮弹药不能多运，大部军火仍屯建平，须来春水涨，始可设法运输，因无法赴豫，请暂驻六安云云。僧格林沁则明确拒援。

刘铭传驻地六安距他的老家肥西只60里、半日马程，既无从援豫，于是他在离开家乡3年后，还乡渡岁。其《甲子冬以师行还家夜中偶作》诗中有：

风雨一家团骨肉，干戈何处望旌旗？中兴愧我无功

绩，且幸还家慰别离。

可以看到，清廷从根本上对进入上层政权的汉族地方精英报以极大的疑虑和戒心。正因为如此，湘军攻下天京后，曾国藩担心功高盖主，带来杀身之祸，主动奏准裁撤湘军大部并停征厘金、亩捐，以向清廷表明心迹。清廷则命曾国藩督师剿捻。曾国藩手中兵将已所剩无几，所"督"之师绝大部分是包括刘铭传"铭军"在内的淮军；刘铭传"铭军"的行止，却仍由李鸿章左右，这不能不造成曾李湘淮的矛盾，或者说是清廷有意造成的矛盾。而主持北方剿捻4年的僧格林沁，竟拒绝南方汉族精英指挥的正规武装进入北方，染指剿捻事宜，表面上是对汉人的轻蔑——李鸿章后来即就此事说，僧格林沁"位望过崇，下情难达，南军（指当时清廷欲调归僧氏的刘铭传铭军）闻归节制，莫不气沮。刘省三叠奉谕派，乃至被谴责而不辞，岂弟所能强迫？"——实际反映了满蒙贵族对汉人的疑惧。曾国藩、李鸿章虽然调派刘铭传、张树声、周盛波等陈兵苏鲁皖边境，做出北援剿捻的姿态，但清廷并无真正动用淮军之意，刘铭传等只能坐观僧格林沁于同治四年（1865）在曹州高楼寨全军覆没，后刘铭传又因防剿迟延，被革职留任。在这样的大背景下，他的《感成》诗句"武夫如犬马，驱使总由人"，为前诗"中兴愧我无功绩"，作了注脚。

刘铭传第二次还乡（实际是两次），是在同治六年、七年（1867、1868），镇压东捻、西捻之后。

刘铭传剿捻过程中，同治六年（1867）正月的湖北安陆尹隆河之役，使他遭受一生间的重大挫折，几不齿于世人，严重影响了仕途。后他奋力苦战，提出"守运河进扼胶莱"；赶筑280余里的长墙防线；收买东捻叛徒潘贵升、邓长安于十月赣榆之战临阵枪杀东捻领袖任柱，击败东捻军，获赏三等轻车都尉世职，方略略摆脱难堪处境，七年（1868）正月，回家养病半年，奉旨起而赴山东攻灭西捻，又是半年，而后以身心俱疲之躯，告病开缺回籍。

尹隆河之役的大致经过是：双方主力湘淮军两大主力"霆军"与"铭军"原定同时发兵，与东捻军在尹隆河展开决战，但一说是鲍超"霆军"失约没有按时赶到；一说刘铭传"铭军"提前进击，结果均是刘铭传孤军遭到10倍捻军的痛击，刘铭传部将唐殿魁、吴维章、田履安、李锡增、幕僚陈永孚及士卒三四千人阵亡，刘铭传与诸将幕僚"俱脱冠服，坐地待死"。此时鲍超"霆军"赶来，从背后发起猛袭，反败为胜，捻军损失2万余人；刘铭传以下2 000余"铭军"获救；所失5 000余骡马、400杆洋枪、万件号衣、无数辎重甚至刘铭传的红顶花翎顶戴全都夺还回来。然刘铭传恩将仇报，李鸿章一意回

护，鲍超被斥为失机冒功。于是，鲍超郁愤成疾，执意告退。

很多学者对此有精辟的分析，认为刘铭传与鲍超的矛盾，反映了湘淮军的矛盾。而如若进一步探讨，则可看到，湘淮军矛盾的扩展与清廷有关。同治四年（1865）僧格林沁战死，清廷不得不采取紧急措施转而依靠湘淮军，但不是任命李鸿章，而是任命曾国藩为钦差大臣，赴山东督师（主要是淮军）剿捻，由李鸿章代曾国藩署两江总督。这其中未必没有在剿捻同时，将曾国藩调离湘系经营已久的两江老巢，将淮军主力与李鸿章分离的一石三鸟的考虑。曾国藩制定"以有定之兵制无定之贼"

的战略，设立了4大重镇——湘军刘松山部驻守的安徽临淮老营；淮军潘鼎新鼎军驻守的山东济宁老营；淮军刘铭传铭军驻守的河南周家口老营；淮军张树声树军驻守的江苏徐州老营，后又增加6支尾追游击之师，湘淮各半。"一省有急，三省往援"，"六游分追，梭织不断"。但曾国藩督师经年，却"师久无功"。除了其他原因外，曾国藩称"臣所带之兵，均系李鸿章所部之卒"。各部既不能遏止捻军之势，又不能互相支援，曾国藩最终引咎称病告退，请求由李鸿章主持东路剿捻、曾国荃主持西路剿捻，并表白似的请"饬李鸿章携带两江总督关防"云云。后曾国藩虽回任两江总督，但仅一年多，清廷又将其调离江宁，任直隶总督，改由不属任何派系、没有一兵一卒的马新贻任两江总督。据说慈禧密旨命马新贻调查湘军攻陷天京后太平天国财富的去向。不久，发生了扑朔迷离的刺马案，其后，两江总督的宝座长期落在湘系手中，其他人不敢问津，这乃是另一个话题。尹隆河战役，刘铭传无视鲍超，李鸿章维护刘铭传，不能不令人感到是凭军事实力、不是凭道理说话。而从客观结果看，李鸿章则不仅是为了刘铭传。这客观结果便是：湘军主力"霆军"32营大部被遣散，只留唐仁廉择精壮，另立"仁字营"，并入了淮军建制。

刘铭传第三次还乡，是同治十年（1871），在陕甘任

上与左宗棠交恶之后。

同治九年（1870）五月，天津教案发生。清廷一方面先后派曾国藩、李鸿章赴津谈判办理此案；一方面准李鸿章所请，起复刘铭传帮办军务，准备法国及其他国家借此开战。刘铭传于九月从家乡赶到沧州铭军大营，天津教案却以清廷屈从了结，十月，被清廷派以钦差大臣督办陕西军务。这时湘军出身的原闽浙总督左宗棠亦以钦差大臣督办陕西军务，且同回军作战多年，方显有利势头，本能认为淮系插入西北属于摘桃抢功而抵触。然使湘淮系互相监视、互相牵制，正是清廷的用意和目的。十年（1781）四月四日，清廷密旨刘铭传打探左宗棠军情，随时密报。刘铭传则就势于四月二十四日上"密陈左宗棠军情"奏片，贬低和诋毁左宗棠西北平回的战绩，引起左宗棠的极度不满。随后，刘铭传于七月初九奏称他因"头风肝气"，"坐卧难安"，请求给假回乡调治。九月又以"痼疾难疗"，奏请续假3个月，从此赋闲居家13年。

刘左交恶，有说是因刘左均不服于人的高傲心性使然，也有说是因刘铭传在尹隆河之役的恶劣表现种下的祸根。而如若进一步探讨，则可看到，刘铭传的心性、做法包括尹隆河之役的做法，与汉族地方精英的构成成分及内在矛盾有关。

19世纪乱世之中，尽管汉族地方精英有很多通过特殊的办团途径入仕，但其中也有文武两途之分。

湘军多用文人以文职领军。所谓的"文人"是指有功名者，即便只是生员、举人。有功名即授以文职，得以文职领军，升补道府藩臬督抚实缺后，仍被湘军视为将帅，如曾国藩、左宗棠、彭玉麟、刘坤一、曾国荃等。他们是地方精英集团传统的成分。正因为这一点，太平天国运动平息后，以曾国藩为代表的湘系，既没有取清廷而代之，也没有分权割据，而是主动遣散湘军，以实力进入中央津要，左右政局。据统计，湘军前后共出了14个总督、13个巡抚，同治二年（1863）湘军将领任总督8缺中的3缺，任巡抚15缺中的7缺，打破了清入关以来满族贵族独揽大权的一统天下。自此汉族精英位居中枢机要、地方封疆的状况一直延续到清末。

淮军除了李鸿章

李鸿章去俄营议和图

家族以外，用文人以文职领军的情况相对少得多，做到督抚的将领也少得多。著名的只"树军"张树声出身廪生，领兵时授道员、布政使、按察使，后做到江苏巡抚、两广总督等；"鼎军"潘鼎新出身举人，领兵时授同知、知府、道员、山东按察使，后做到云南巡抚、广西巡抚；"良军"刘秉璋出身进士，自湘军调来，后做到四川总督等。没有功名，如"铭军"刘铭传、"开字营"程学启、"庆军"吴长庆等，只能走武职一途——从都司升至提督到顶。他们在更深层次上成为地方精英集团的非传统成分，却很难有进一步发展和施展抱负的机会及可能。如前所述，武职冗滥，头品顶戴的提督，也不免被一般文职视为地位卑微的"武弁"。这是刘铭传的牢骚所在，他在诗中多处写道：

> 我生性不羁，欺侮亦甘受。济世重经纶，自惭无抱负。
> 不幸入官场，奔劳日日忙。何曾真富贵，依旧布衣裳。

鲍超是湘军少数行伍出身的武职将领之一。具有讽刺意味的是，鲍超、刘铭传两位白丁入仕的武职将领，所带"霆军""铭军"分别是湘淮军最勇猛的主力。尹隆河之役，鲍刘两军夹击捻军。刘铭传自己没有功名，却自视饱读诗书、满腹经纶，从骨子里看不起同样没有功名的武夫鲍超，特别是湘军名将鲍超，结果自取其咎，身败名裂。左宗棠也是通过特殊的办团途径入仕，但因是举人出身，以文职统兵，督军西北之前已做到闽浙总督。同样具有讽刺意味的是，通过特殊办团途径入仕的左刘两位，后分别在西北和台湾立下了保卫祖国边疆最卓越的功勋。但以刘铭传同样狂傲的心性，自九年（1870）十一月到西安就任至十年（1871）四月二十四日上密折，其中竟隐忍不发近半年之久，可知原来早已对武职心灰意冷的刘铭传，对此次任职抱有一展宏图的希望——钦差大臣的地位不同于武职，高于或等于地方封疆大吏；专折奏事的特权，又使他"不复见制于文吏"，然他左右不了形势，这一希望终归破灭，决然引退。

刘铭传第四次还乡，是光绪七年（1881），在上《筹造铁路以图自强折》遭到否定之后。

刘铭传同治十年（1871）自西北引退乡居9年后，有过一次进退，即光绪六年（1880）八月清廷诏起刘铭传进京，刘铭传辞以"眼疾未愈"，清廷准假两个月，十月刘铭传从老家经天津进京，随即于十一月上《筹造以图铁路自强折》，遭到否定后，于七年（1881）正月还乡。此过程过于短暂，一般忽略不计，笼统称刘铭传乡居赋闲13年。

据说刘铭传还乡之前，李鸿章曾嘱咐他"多读古人书，静思天下事"，"陶融根器"，"敛浮气而增定力"，告知"后数十年之世界，终赖扶持"。近十年的时间，刘铭

传广泛阅读西方书刊译本，结交洋务派及经世派文人名士，开阔了眼界，在济世、治世识见和才能方面有了近类于"质"的飞跃。他曾断言："中国不变西法、罢科举、火六部例案、速开西校、译西书以厉人才，不出十年，事且不可为矣！"

此次清廷诏起刘铭传进京的背景，是中俄伊犁交涉。左宗棠收复新疆；崇厚赴俄交涉归还伊犁九城丧权辱国；清廷被迫不予承认，改派曾纪泽赴俄重新交涉；中俄关系一度十分紧张，清廷以征询对策为名诏起刘铭传进京，实际是做万一开战的准备。刘铭传却呈上"筹造铁路自强"的折子，指出沙俄之所以没有立即进攻中国，是因为其通往中国西北、东北的铁路尚未建成；而中国建造铁路在政治、经济，特别是用兵方面均为"急不可缓之图"，并提出建造铁路的具体规划。

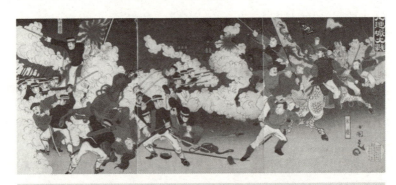

九连城大战

当时，笼罩在满汉矛盾背景之下，由于汉族地方精英的加入，上层政权发生了裂变；由于汉族地方精英的加入，上层统治集团对于外国列强觊觎和侵略的认识，也表现为分裂之状。

在对各国列强的看法上，满族贵族集团将俄国视为首要敌国，反映出清廷从自身统治地位的忧虑出发，加强北方疆域（包括所谓"龙兴之地"东北）安全、巩固满蒙联盟，一旦失去中原统治权尚留有退路的动机。汉族地方精英则视英国为首要敌国，在明知二次鸦片战争期间俄国以军火支持清廷对抗英、法，借机提出对中国东北的领土要求，通过签订中俄《北京条约》攫取中国东北乌苏里江以东领土的情况下，仍说："大西洋英、法、美各国，恃其船坚炮大，横行海上"，俄罗斯"与我向无嫌怨，其请用兵船助剿发逆，自非别有诡谋"，"以大西洋诸夷论之，英吉利狡黠最甚，佛兰西次之，俄罗斯势力大于美、佛，尝与英夷争斗，为英所惮"，"英、佛诸夷，并非固结之党，已可概见"云云。而总体上，对满汉共治体制统治全中国的政治基础丧失信心的满族贵族集团以为："发捻交乘，心腹之害也"，外国列强"所请尚执条约为据"，"犹可以信义笼络，驯服其性，自图振兴，似与前代之事稍异"。其中隐含了完全从清统治地位的安危出发，摆脱传统礼仪秩序观念的束缚，对各

国列强向条约体制转变的新的外交观念。汉族地方精英尽管对公使驻京等问题更早持开明态度，但深切认为，太平天国"足以病我而不足以倾我也"，捻军"足以乱我而不足以病我也"，真正长远的威胁在于外国列强的觊觎和侵略。

这也是海防、塞防之争的深层背景。这种上层政权分裂的背景决定了当时的中国从根本上无法实现"在民族主义感召下进行的相同程度的爱国动员，从而具有以一个民族行事的能力"来应对西方的挑战，使中国近代化的进程更加崎岖和坎坷。在这样的背景下，一介武夫刘铭传的《筹造铁路以图自强折》，无端遭到来自多方面的激烈反对和攻击，使他郁闷不已，3次上疏求退不准，后不待批准，径自返乡。

刘铭传第五次还乡，是光绪十七年（1891），在"赏加巡抚衔督办台湾事务"、补授福建巡抚7年、出任首任台湾巡抚6年后，因遭忌以病乞归。

光绪十年（1884），中法战争前夕，清廷下诏再次起用刘铭传治军。刘铭传当时正在杭州悠游士林，以诗文会友，据说他已不屑为钦差大臣，捎话称：非封疆免谈。这一方面因其时督办军务如无督抚身份，难收臂指之效；一方面改文职是刘铭传的夙愿；一方面有将才匮乏等机缘。李鸿章为之向清廷婉陈，加刘铭传巡抚衔，始受命。刘铭

传成为当时以武职任封疆凤毛麟角的人物。七年中，刘铭
传在台湾武略文功，施展生平抱负，立下卓越功勋，成为
"台湾近代化之父"。刘铭传开缺回乡后，其在台新政悉被
废除。光绪二十一年（1895），刘铭传闻台湾被割，病重
呕血，后于当年不治身亡。

刘铭传的仕途风波，进一步反映了汉族地方精英进
入上层政权的曲折过程；进一步反映了由于汉族地方精
英的进入，上层政权发生的裂变。

清朝官制，同为省级封疆大吏的总督巡抚之间没有
统属关系，各向皇帝直接负责。一般军事归总督，节制
省内绿营提督、总兵各官，且自辖"督标"三至五营；
民事归巡抚，总管省内政务监察，也自辖"抚标"二营，

李鸿章故居大门

曾国藩像

用兵时负责粮饷。督抚以文人铨任，不用武人。盖以武人知兵，不能轻与事权，文人不习兵事，不妨假以重任。平时以文制武，战时由朝廷另外特简经略大臣等专事征伐。一省政务另有主管民政财政的布政使、主管司法的按察使及其佐贰分守道、分巡道道员分任。总督巡抚与他们之间也无统属关系，只行督率之责。布政使、按察使有办事衙门，向上分别听命于户、刑等部，且各有专折奏事之权。

而以曾国藩、李鸿章等为代表进入上层政权的汉族地方精英，亦文亦武、亦官亦绅。他们受任的钦差大臣、总督，拥有统辖直省军政事务的大权，巡抚、提督以下各官均受节制。由于清廷不承认湘淮军为国家经制军队，湘淮军作为汉族地方精英的私军勇营，军饷自筹。又由于战时的特殊情况，清廷被迫允许其以厘金、票盐等形式就地筹款，自行支配。无形中，从湘淮军领袖到督抚大员的汉族地方精英手中掌握了财政大权，加之所辖苏皖赣三省富甲全国，军队乃至"七八省政权，皆在掌握"，凡设官任职国课军需，悉听调度，成为拥有独立军事、财政、后勤系统，甚至学校、兵工厂的可以分权割据的力量。

　　上层政权结构发生裂变的既成事实；汉族地方精英手中握有的政权、军权、财权以及可以分权割据的力量，深刻影响了晚清到民国初年的政局。

李鸿章像